PORCHES, PORCHERS
PUBÈRES, PUTAINS
STABAT MATER

Imprimé en Belgique
ISBN 2-8040-0624-7
D/1991/258/20
L 902413

Illustration de couverture : Sabine Voglaire.
Crédits photographiques : Jean-Pierre Verheggen.
Publié avec l'aide de la Communauté française de Belgique.

Jean-Pierre Verheggen

Porches, Porchers Pubères, Putains Stabat Mater

ou

Pour l'amour d'un porc

Préface de Norge
Lecture de Jean-Marie Klinkenberg

LABOR

Préface ?! une préface
à Verheggen ? Impossible.
Préfacer un arbre vert
plein de tonnerre printanier.
Plein d'oiseaux qui gardent
secrète la couleur de
leur plumage. Préface
à des jeux de quilles
qui savent cogner en
musique ! Préface à
ce jeune feuillage où
sèchent des jupons de
filles. Ah ! quels ombrages !
Verheggen, c'est du
bois en sève dans
quoi l'on taillera
des flûtes !
alleluia.

norge

PORCHES, PORCHERS
suivi de
LA TEMPESTA
(inédit)

Hommage à Giorgione.

à Mathias Pérez

1.

Nous détestions les fermes.
Les fermiers.
Replets.
Satisfaits.
Les métayers et leurs ouvriers.
Saisonniers.
Dupés.
Exploités.
Leurs aoûterons.
Leurs tâcherons.
Leurs souillons.
Leur promiscuité.
Acceptée.
Entérinée.
Avalisée.

Nous détestions leurs messiers.
Leurs palefreniers ou valets.
Laquais.
Laids.
Envoyés valdinguer.
Étriller ou faucher.
Aider les faucheurs armés.
Arnachés ou épongés.
Irrelevés.

Nous détestions les travailleurs des champs tous entiers.
Puants.
Infâmants.
Paysans.
Les peaussiers.
Plaigneurs.
Quémandeurs.
Les taupiers.
Les faneurs.
Suants.
Gagneurs.
Les échardonneurs.
Les échenilleurs.
Les soigneurs attitrés.
Bousés.
Bouseux.
Beaucoup trop courageux.

2.

Nous détestions leur lieu d'implant.
Leurs bâtiments de coucher ou de rangement.
Ordonnés.
Imposants.
Leurs bâtisses.
Grises.
Leurs écuries arrogantes.
Fumantes.
Démonstratives.
Leurs chartils.
Leurs fenils.
Leur lit.
Leur chambre établie dans les granges
ou le corps du logis.
Leur gerbier rempli.
Sursaturé.
Surveillé.
Proscrit.
Honni.

Nous détestions leurs outils.
Trop polis.
Exposés.
Collets montés.
Leurs modèles Diesel.
Nouvelets.
Ou leurs tombereaux.
De derrière les fagots.
Leurs chariots.
Astiqués.
Traités.
Leurs rododos.
Rodomonts.
Leurs chevaux de traits.
Brabançons ou percherons.
Leurs araires à deux socs.
Trop propres.
Leurs porches cartouchés.
Leurs portes cochères.
Patibulaires.
Ou rouées de coups redoublés.
Souillées.
Leurs soues de porchers.

Nous détestions leur activité.
Leur âpreté besogneuse.
Hargneuse.
Plaigneuse.
Leur désespoir étudié.
Leur santé.
Malicieuse.
Avantageuse.
Leurs souliers cloutés.
Tôt levés.
Leur déjeuner sans déguster.
Leur industrialité acharnée.
Leur avarice subreptice.
Clinique.
Leur infatigabilité sans parler de douleur.
Leur cœur.
Geigneur.
Thésauriseur.

Nous détestions leurs heures.
Leurs journées.
Leur subdivision du temps.
Leurs saisons.
Leurs précipitations ou leurs atermoiements.
Leurs années.
Discréditées.
Leur langue sans articuler.
Borborygmées.
Leurs vesprées.
Prostrées.
Passées à hocher.
A acquiescer ou nier.
Leur aurore sans se toucher le corps
ni les sacs boursiers.
Sans je t'aime éplorés.
Sans se caresser les zones érogènes.
Sans songer à une vraie sexualité.

Nous détestions les voir comme coupés.
De ce côté.
Irréfléchis.
Là aussi.
User de succédanés.
Amis ou inadmis.
Se masturber vite fait.
Liquidé.
Ou pédiquer à genoux un agnus dei.
Ou lâcher du lest dans l'anus d'un chevreau.
Nouveau-né.
Se fourrager la verge pour juste décharger.
Juter.
Se soulager.
Morver par leur deuxième nez.
S'essuyer sans hygiène d'un paillis.
Se bouchonner le pubis.
Puis roter.
S'écrouler.
Crevés.
Habillés ou déshabillés à moitié.
Ronfler.
Sur le dos.
Illico.

Nous détestions leurs animaux.
Leurs troupeaux.
Leur basse-cour.
Leurs paons farauds.
A leur roue.
A leur discours.
Leurs coqs arborés.
Leurs poules.
Vioques.
Affairées.
Dépenaillées.
Leurs dindons.
Leurs oisons.

Nous détestions leurs mâtins.
Que nous nommions lions.
Leurs chiens.
Gardiens.
Gredins.
Argousins.
Enchaînés par leur collier cuivré.
Leurs pigeons de pied.
Leurs bovidés.
Leurs ovins.
Leurs capridés ou cousinés.
Apparentés.
Leur bétail.
Leur autre valetaille.
Rascaille.
Leur domesticité.
Leurs insanités.
Leurs cochons.
Vautrés.
Cochonnés.

Nous détestions leur servilité.
Leur soumission.
Leur domestication.
Grégaire.
Casanière.
Trimardière.

Nous détestions surtout l'hiver.

Nous attendions l'été pour concevoir de
nous venger.
Préméditer.
Pour nous glisser dans leurs resserres.
Leurs appentis.
Leur créer les pires ennuis.
Attendre qu'ils soient partis.
Qu'ils se soient éloignés.
Suroccupés.
Requis de récolter.
Ventousés aux blés mûris.
De se hâter de moissonner.
D'engranger avant la pluie.
Qui rouit.
Qui pourrit.

Nous profitions de leur absence pour droguer leur puits.
Droguer leurs eaux courantes.
Ou leurs réserves de tourteaux.
Leurs silos.
Pyramidaux.
Droguer leurs étables.
Le breuvage de leurs auges.
Provoquer aux bêtes des ankyloses.
Des fièvres.
Délétères.
Vénéneuses.
Aphteuses.
Des complications biliaires.
Des albumineries.
Des hémorragies.
Rapides.
Ravies.
Ravisseuses.

Nous aimions beaucoup voir la maladie
pernicieuse gagner leurs bestiaux.
S'accroître sans relais.
Se généraliser in extenso.
Diversifier ses procès.
Ulcérer des muqueuses ou les nécroser.
Produire des rejets rougeâtres d'odeur
fétide.
Ou des jetages salivaires abondants.
Des moiteurs.
Des langueurs.
Des essoufflements pénibles.
Troubler.
Faire palpiter.
Souffrir et amaigrir.
Perdre l'appétance et enfler de la panse.
Démente.
Démesurée.
Dérangeante.

Nous aimions beaucoup les voir s'agenouiller.
Uriner plus que de raison.
Raisonnante.
Avoir des congestions.
Des engorgements.
Des empisements laiteux.
Grumeleux.
Des coliques ou des constipations.
Des tremblements convulsifs.
Arythmiques.
Des émissions de sang.
Des vomissements.
Émettre des vents nocifs.
Flatulents.
Foirants.
En imiter le craquement.
Le dégonflement du fondement.
L'éclair.
Le grondement du tonnerre.
Aveuglant.

Nous aimions beaucoup voir revenir
leurs gens.
Contents.
Innocents.
Chantant.
Entendre leurs cris.
Ébahis.
Les voir surpris.
Contrits.
Larmoyer.
Pleurer ou tempêter.
Ou s'activer.
Désigner le millepertuis ou la
nielle de blé.
Ou telle nappe aquifère.
Puisardière.
Faire appel à tel vétérinaire.
Imaginaire.
Se ronger les sangs.
Blasphémer.
Suspecter des empoisonnements.
Des bandes organisées.
Dirigées.
Noyautées.
Des délinquants.
Socialisants.
Des amants repoussés.
Prétendre les connaître.
Les pourchasser.
Ou se résigner.
Ou aller se faire pendre ailleurs.
Ruinés.
Dépossédés.
En proie aux pires des douleurs.
Ou accuser de peste porcine le porcher.

Illettré.
Basané.
Étranger.
Convenante victime.
Le convoquer.
Le faire massacrer.
Lapider.
Émasculer.

Nous aimions beaucoup la ruine.
La mort.
Le crime.
Odieux.
Gratuit.
Retors.
Crapuleux.

GIORGIONE, LO SPORCACCIONE!

Giorgione.
La Tempesta.
Venezia.
Galleria dell'Accademia.
Assieme.
Esecuzione autografa.
Supporto: tela.
Opera finita.
82 × 73.

I. Chanson d'la plus haute tour wallonne.

C'est la sentinelle des buissons.
Armée de son seul bourdon
Aux cent sales moucherons.
C'est l'ex-lancier, sans bougeron. Le maton
Des sexes.
L'ex-piquier.
L'ancien troufion
Qui surveille les bouchenailles, les bouchons,
Qui veille aux yeux des fentes, aux étrons
Des sentes, aux paupières des crailles,
Aux troufignons mignons et aux messages by avions
By air mail, by ballons.

II. Chanson du chausson aux pommes.

C'est Mercure, convient-on, (1569)
C'est Merduse, c'est tout comme !
Ça va, ça vient ! Les conventions, si ça convient,
C'est gigogne !
C'est un demi-Dieu plus dur à cuir qu'une
Demi-portion double tonnes !
Il a la fièvre dans ses pantalons gonfalons
Qu'il porte, bouffants, à la Guelfe
Comme un anti-slogan M.L.F.
On voit ses roupettes, sa gozette, son thermomètre,
Son chausson aux pommes et son sacrum
Figurant une boule de l'Atomium !
C'est lui qui s'amène mollo,
Comme un, retour au berceau,
Et qui sourit maschio à la Madone.
Je trouve qu'il est un peu gonflé, l'bonhomme,
Pour un stagiaire ONEM honnête !
Pour un honnête gentilhomme !

III. Chanson du retour at home.

C'est l'ex-guerrier Brancaleone,
L'armé rudimentaire
(n'était-ce sa tabatière boursière !)
Retour de guerre.
C'est l'ex-porcher (Il a marché à la baguette !)
Ou berger (Il a été sous la houlette !)
Il en a plein les guêtres
Dont il a laissé tomber l'un des haut-de-chaussettes.
Il est ruiné.
Il n'en paraît que moins niais !
Il retrouve sa femme en jeune mère
En arrière-
Train d'allaiter
Le bâtard mordoré qu'elle lui a fait
Sous le manteau
Dans le dos
Sur le côté.
Il n'arrête pourtant pas de bander !
Quel tableau !

IV. Questions (en effet).

N'y a-t-il pas de quoi en être désarmé ?
N'y a-t-il pas de quoi quitter sa risette d'angelot ?
En faire plus qu'une tempête dans un vert d'eau ?
Piquer une sainte colère
Et attraper quelques lueurs atrabilaires ?
Sur la cafetière ? Dans l'cielboulot ?

V. Autres questions (en effet).

N'a-t-il donc pas le moindre éclair de compréhension
Dans sa tête ?
C'est cependant une post-annonciation !
Les signes sont là.
Les faits.
Adéquats.
Ici une cigogne en attente sur son toit
Et Dieu le Père, là-haut (l'autre oiseau !)
Qui s'est fendu d'un coup de foutre du tonnerre
Pour lui signifier qu'il est l'papa signifière
Et dessiner, à sa manière,
Un méat
Culpa
Ou une vulve d'or à odore glauquhomme di femina !
Ah ! vraiment soldat ! Ah !

VI. Chanson de Desdémone.

C'est une histoire d'eau
Croupie. D'arno crado ou plutôt
De lagunes et de crimes à Venise.
Une histoire d'Othello et de sombres jalousies !
La vie est pourtant calme comme dans Ego in Acadie
Ou dans Popol et Virginie.
C'est l'été. On entend hello.
Le soleil brille. C'est Iago,
L'âme damnée de Brabantio,
Le père de Desdémone,
Celle qui biberonne le tout gamin en lui donnant le sein.
Le sien vaut mieux que deux Danone
Et d'ailleurs, les doudounes, c'est bien
— Dot it, économiques, écolos ! — et on y revient.
Soudain, le soleil grille
En faisant sauter les fusibles,
Les plombs et la manette du Téco.
C'est fini. C'est crachin.
Quel temps de cochon ! il faut rentrer les foins. Gageons
Que ce n'est pas encore aujourd'hui matin
Que Iago aura pour de bon
Son Iagoourt aux fruits de la passion !

VII. Chanson de Giorgione,
lo mascalzone.

C'est clair et net.
C'est comme un texte,
C'est pour tirer un coup de langue verte.
Y a celui qui guette,
Celle qu'allaite et Dieu le Pète !
Bref,
C'est l'éternelle enceinte forclose Trinité !
C'est pour porc-traiturer toutes les maternités,
C'est hors cité,
C'est le lieu des porcs, leur endroit préféré,
C'est l'endroit de la glandée et du bourbier !
C'est très fumier !
C'est pour dire attention à la cécité.
C'est donc quand la cité sommeille.
C'est l'Ange Gabriel qui arrive complètement oh ! givré
Et qui se fait tancer et vertement gronder par le ciel
(Il a brisé les colonnes du temple d'un seul bloc
et dessiné sur le fronton des trompes de Fallope !)

VIII. Dernière chanson aux pommes.

C'en est trop ! Il s'est trop attardé !
Il a beau se repentir, comme une simple créature,
Pleurer, à deux pas du Pont des soupirs, soupirer,
Jurer qu'il n'en fera plus voir de vertes et de pas mûres,
Lâcher les grandes eaux.
Rien n'y fait. C'est l'inflexible fléeau !
(Fini de jouer les postiers!
Par ici, dorénavant, le courrier du cœur à acheminer !)
C'est râpé !
Le gosse est né. Le gus.
Dieu l'a dans l'os de l'anus !

C'est peut-être pour ça qu'il signe Zorro super zut ?

LA TEMPESTA

Radicalement irrespectueux! Effrontément joueur, voyeur, anar, risquant! Voilà la seule attitude conséquente qu'il faille oser adopter devant toute pratique signifiante artistique, critique comprise!

Je pense, par exemple, à Giorgione et à sa célèbre *Tempête de Venise*[1]. Comment raisonner devant quelque chose qui nous convoque, au contraire, à totalement dériver, à l'image même des effets d'illogisme qu'elle multiplie à «dessin»!

Tempête?

Mon cul!

Verdeur! Ça oui! Pour d'entrée de jeu, vertement, le tancer et le rappeler à un brin de désordre, le critique!

Une tempête verte?

— Zavertdéjàvuça? — fut-elle estivale, torride, subite?

Va falloir penser ailleurs! D'un autre côté! Penser aussi que ni arbrisseaux, arbres, plantes, frondaisons tonnelières, couverts, clématites, ne bougent d'un bout de doigt de

[1] *La Tempesta.* Galleria dell'Accademia. Venise.

pied! Penser que le moufflet engraissé continue de téter les avenantes doudounes de sa mater, sans broncher ni sourciller! Que cette mater-là — nullement doudounes Dolorosa! — ne se ménage qu'une très légère et translucide capeline dans tout ce drapé déroulé! Que le pont poursuit, placidement, de jeter son ombre sur tout échafaudé projet qui voudrait relier entre eux ces éléments déréglés et déchaînés! Que le Soldat-Berger n'a l'air étonné, non plus, de cette Maternité qu'il lorgne en catin-mini!

Et pourtant ça tonne!

Ça détonne même audacieusement!

Qu'est-ce que c'est que ces couleurs à ne pas apparier? Nous veut-on faire avaler des couleursvres? Nous mentir? Sommes-nous dans la Meinture à tout craquer? Qu'est-ce qu'on tente de nous cacher, à nos yeux dérober? Qu'est-ce que c'est que cette cigogne, paisiblement perchée sur un toit de la cité, et que vient-elle d'apporter?

Ah!

Ce serait donc ça!

Une espèce de Post-Annonciation où le faisant fonction d'angélique Mercure ailé et postier, la Madone et le bimbo allaité, ne sont là, calmement, au premier rang, que pour réindiquer qu'il n'y a pas d'autres bruits de fond à répandre et colporter au sujet de ce que l'on sait!

Que le seul qui puisse faire entendre quoi que ce soit à ce propos, c'est lui! — Dieu le Père!

Dût-il gronder!

Dût-il tonner et retonner!

Dût-il montrer son zob de Zeus du haut du ciel zébré!

Dût-il même échancrer, pour bien visible rappel, une sacrée Vulve lactée dans la voûte céleste!

Crever l'écran-dira-t-on!

Re-lâcher, toutes vannes ouvertes, l'excédent humoreux de ses foutres paternels!

Réaffirmer qu'il est Dieu le Sperme!

Ou faire fermer leurs volets aux bordels de la ville et détruire, pour les chasser, leur temple à ces demi-portions de phallus tronqués!
Dût-il mettre tout sens dessus dessous!
Quitte à...!
Quette à ne provoquer cette tempête que dans un *vert d'eau*! Ou à connaître qu'il s'agit là, tout au plus, d'une insignifiante queue d'orage conjugal jalouse, cornarde, minime, fût-elle divine!

PUBÈRES, PUTAINS
(récit)

à Jannick.

PREMIÈRE PARTIE

1.

Nous vivions dans des lieux délabrés. Détériorés. Périlleux. Dans des lieux sans yeux. Des lieux d'effondrilles. De tartre terrestre croûtier. De flaches. De caillasse. De lie d'usagers. Indisciplinés. De silos d'immondices. Sans flèche. Impubliques. Craspects. Crados. Inassignés.

Nous vivions dans cette promiscuité.

Nous vivions aux bords d'un pré. Non pâturé. Cachés aux bords d'un étang. Mi-riant. Mi-stagnant. Grand. Suffisamment. Aux bords d'un été. A peine commencé. Aux portes de vacances. Préadolescentes. Éblouis par la présence conjuguée de maquis. De marais. Peu achalandés. D'ascolarité. De ruisselets propices heureusement proprets. De liberté sans devoirs ni livrets. D'homosexualité novice. Primesautière ou latente. Première. Débutante.

Nous vivions éblouis par l'atmosphère de touffeur dense. Excitante. Les prêles. La peur. Les fleurs lancinantes. Les fougères. Fourragères. Nourricières. Les eaux du ciel ou du sol. Pestilentielles. Ou pures. Cavernicoles. Les eaux ferrugineuses. De nature. Les existences fouisseuses. Les fêtes carnassières. Les absences. Les conquêtes. Les amantes. Palmées. Les effondrements abrupts. Les cabanes. Les cahutes. Les grouillements pantelants ou parturients. Friands. Les reptations. Les progressions lentes. Insidieuses. Les logorrhées flatulentes. Les inexistences. Feues. Ou trépassantes.

Nous aimions beaucoup l'ambiance de notre lieu. Le flou. Le rare. Le composé. Les jets. Les échanges gazeux. Les secrets. Les cruautés de dépotoirs illettrés. Les cheveux. Les chevelures natatoires. Les débris. Les orages. Les déclivités d'ordures. Les ingestions gourmandes. Bruyantes. Les fermentations sures. Les proliférations. Les décès. Les meurtres. Parfaits. Les performances. Rances. Rancunières. Décadentes.

Nous aimions beaucoup les décontenances. D'erreurs. D'errances. D'amours. Les haleines aliacées. Les codes désappauteurs. Les haines. Les hostilités. Les symboles piégés. Les leurres. Les ruses. Intruses. Les distraits mordus. Boulotés. Banquetés. Les vocabulaires de chiffonniers. Les mystifications barbares. Les noces d'aversion. Les divorces sans mouchoirs. Les cassements. Repoussants. Les castrations. Répugnantes. Ruisselantes.

Sanglantes.

Nous étions fascinés par ce qui s'entremange. Fascinés par ce qui s'entredévore. Éblouis par les manières mêmes de la mort. Par les corps brisés. Les déchets. Les avatars scissipares. Les bals atrabilaires. Les écoles à dix maîtres. Les danses. Exsangues. Les protocoles cannibales. Les langues bourdonnantes. Agaçantes. Les paroles melliflues. Les salives fourbues. Les fourberies. Les soupers. Insoupçonnés. Les atrocités de soupentes. De charpies. De roseaux. D'îles flottantes. Opérantes. Indépendantes.

Incognitos.

Nous étions fascinés par l'attente. La prescience d'impitoyables célérités. De souffrances ou de palabres. Macabres. De réseaux infinis de complexités. D'os croqués ou recrachés, suris. De râchis. De méchouis. De mises au pilori. De plis ou de replis, éventrés. D'ambulacres sectionnés. De sacs de couleurs crevés. De colons merdiques. De gâteaux boursiers. Pyloriques. Pris. Vite. Déglutis. Gobés. Absorbés sans mâcher. Fascisés.

Nous étions fascinés et apeurés. Effrayés pis que pendre. Ne trouvant pas nos mots sur notre langue. Attouchant longuement nos endroits paralysés. Nos cuisses sécrétives. Nos glands. Naissants. Charmants. Nos tempes. Pavides. Nos fondements. Nos traits tirés. Cerclés. Nos raies d'oxalide. Acides. Nos cernes. Notre sperme. Indemne. Bien aimé.

Nous étions subjugués.

Nous aimions contempler le ciel immensément chargé. Voir s'y confondre becs et ailes kascher. Peu congénères. Se rompre les essaims d'insectes millimétrés. Dérégler leur manège aérien. Se piller l'arrière-train. Se piquer le siège. S'injecter des liquides dissolvants. Se pomper les flancs. Les carapaces vides. Rigides. Les gants velus. Ou plombés. Le gilet. Les souliers. Le cul. Le corselet clissé. Le nez. Nié.

Macchabée.

Nous aimions rester aux aguets. Encoignés. Encaqués et muets. Écouter s'accomplir les vengeances obscures. Observer les mastications cruelles. Les bêtes sentinelles. Les venins purs. Les femelles. Les engins minimes. Les traces d'aniline. De lustrine. De satin crasseux. Les coussinets liquoreux. Aller. Venir. Jouir ou mourir. Souffler. Humer. S'humecter. Sourire ou souffrir.

Comme un très vieux poignet.

Nous aimions regarder les bêtes s'accoupler. S'aimer. S'entreprendre. Se couvrir. Piétiner les mottes de cadavres. Coprophages. Les sites printaniers. Tendres. Les paradoxes biotopes. Les brises de loess. Les dérives d'élytres. Les fèces. Les siphons. Les bosquets. Les fourrés sine die. Les imiter. Nous ventouser. Nous anneler. Chevaucher les herbes filantes. Chatoyantes. Coquets. Parader ou craquer. Nous enculer. Ou nous laisser croquer. Partouser. Parrainés. Partout.

Nous aimions passer l'un de nos bras autour de nos cous. Palper nos linges. Entraver les pinces de nos genoux. Flairer nos embarras. Franchir nos ceintures. Franchir nos dessous. Attendre. Prétendre. Soupirer. Prétexter. Bassiner nos glandes. Échouer. Nous y reprendre à deux coups. Réchauffer nos capsules de semences. Nous basculer. Nous affouiller. Poigner dans notre tas. Nous marier.

De tu à toi.

Voilà !

Nous aimions beaucoup enceindre notre bas. Circonvenir nos hanches. Enceindre notre dos. Nos rectos. Le derme couturé de notre peau. Presser nos abdomens jusqu'à ce qu'en jaillisse le frai. Obscène. Monstrueux. La crème de l'érythème fessier. La matière des oaristyx. Des vices. Des sévices. Des crimen amoris. Crapuleux.

Nous aimions beaucoup échancrer nos moiteurs. Nos matrices. Nos milieux. Nous pétrir le ventre sans douceur. Sans introduire ni pénis, ni membre copulateur. En faire sourdre et surgir nos œufs lourds. D'ire. D'élixir nauséeux. De velours sale. Cloaqual. D'anoures sororales. D'amours. De vœux. De lait d'anus, vitreux.

Vélé.

Voluptueux.

Nous aimions beaucoup faire mine de nous libérer de nos

paquets bossueux. De déféquer nos sachets de symphorine. De gui. De fruits matures d'épineux. De nous débarrasser de notre musc. Palustre. De nos dix mille yeux d'Argus. De jockey cacté. Camphré. Cravaché. De nos chapelets de nul office. D'orifices cireux. D'excréments minotiers. De conduits. De coulisses. De couloirs endoloris. De trompes. De tremblements plissotiers. De mappemondes sans mer ni pays réduits. Rondes. Immorales. Immondes.

Nous aimions mimer être nos propres gibbosités caudales. Les employés réciproques de nos pontes. Fécondes. De nos sacoches. Les manouvriers de nos ampoules rectales. De nos scandales. De nos leviers. De nos bracelets de colle. D'alvéoles. De cabochons. D'amidon. De clapets. Prêts. O.K. De croupetons. De cris. Ready. D'anales gesticulations.

Nous aimions nous enlacer. Être nos bouches coxales. Lécher nos trous natals. Nous alanguir. Nous sourire ou nous maudire. Être des homosexuels quasi. Des amis. Quasi des ennemis. Des bandits. Des putti peints en chiens. Quasi des bâtards de batraciens. Ou d'insectes. Très aériens.

2.

Oui! nous aimions beaucoup nous déguiser en insectes. Aussi. Nous enfiler dans le cercle d'une robe à panier. Ou dans celui d'un cerceau. Nous encoller sur le dos, des ailes de papier. Icaresques. Nous harnacher de seaux à eau. Grotesques. Ou de tuyaux galvanisés en guise d'appendices buccaux. En guise de buccin. Nous saupoudrer de résidus poudrins. Paraître des Pierrot enfarinés. Ou des sigisbées médiévaux. En armures. En murmures de servant cavalier. Ou des peintures plus proches de nos figures. Des peintures de Bosch. De Rops. Ou de Monsu Desiderio. Des visages immatures. Ou durs. Immaturés. Déjà, complètement, hallucinés.

Nous aimions beaucoup composer un tableau hétéroclite. D'élytres. D'antennes. Tandem. D'abdomens parasites. Un méli-mélo sans suite logique. Ascientifique. Un circuit de machines. Quasi auto-détruites. A la Tinguely. Ou de marionnettes Braed and Puppet. Un patchwork de toutes les espèces. De tous les ordres confondus. Munis de crocs charnus ou de rostres. Féroces. De mandibules lestes ou d'un tulle léger d'imago. Un réseau stratifié de toutes les capacités. Pour survivre dans tous les biotopes. Pour s'immerger dans la flotte. S'infiltrer sous l'écorce ou dans le terreau putréfié. Pour vivoter dans la merde. Les boulettes de fiente abjecte. Dans la viande exposée ou sur les plantes. Les prés. Les fragrances ou les chambres d'hôtels dévergondés. Pour voler. Gagner le ciel. Ou sucer la fleur providentielle d'un garçon. Lui broyer sa tête. Ouverte. Ou concasser ses petits poumons. Butiner son menton. Piquer ses yeux ou aimer le sexe dardé qu'il a, en son milieu, dressé. Le désirer. Arder. Arder. Nous en empiffrer.

Nous aimions beaucoup être des moitiés de liparis cul-dorés. Des poux ou des tiques. Entiers. Fortiches. Mastiffs. Énormes comme des tarasques par Saint-Georges terrassées. Des carabes pourprés. Des tracés d'hyppobosques dotés de masques à gaz quatorze/dix-huit. Anti-hypérite. Des gabarits de paons de nuit. Des ébauches de bombyx disparates. Des blattes de taffetas ou des Stukas enflammés. Étrillés. Lessivés. Bec-Bunzenés. Etcætera... Baisés, quoi!

Nous avions des pinces à linge au bout des doigts. Aux panards, des ressorts de matelas. Nous tenions du sphinx tête de mort et du Gregor Sumsa bricolé en cloporte par Kafka. Nous tenions du portier de cinéma-cochon de quartier et du corset pour Prima Donna demi-tonne. Nous étions dans l'aéronautique bonhomme. A la gomme. Dans le Spirit of Sint-Louis, premier cri. Ante-Christ. Dans la génératrice à lanière et le rotor de lessiveuse grincière. Nous étions dans l'hélice de tracteur hoquetant et l'acoustique de chœur. Très, fortement, antique. Nous étions aviateurs à peau de bique. Lucanes-cervelas. Dentistes fraiseurs la ramenant constamment avec ça. Contorsionnistes et rebondisseurs élastiques. Nous étions maître-crawleurs. Femmes-tronc. Cornacs. Femmes-canon. Puisardiers ou chanteurs en faux bourdon. Nous pouvions bourlinguer. Stridiller. Zébrer. Nous assoupir. Nous reposer et sommeiller. Pondre et crotter. Nous confondre aux couleurs. Isotopes. Pomper le sang. Renvoyer l'ascenseur. Zigzaguer. Nous scratcher ou nous dissimuler dans les aisselles d'un dormeur. Dans les champs. Y coïter. Femelles, bouloter un mâle, notre amant, ou mâles, inversement, devenir de la dentelle, en la sodomisant. Heureux. Heureuses. Contents. Sans honte. En redemandant. Comme des mantes religieuses.

Nous aimions beaucoup mimer leur monte accrocheuse. Leur monte en motocyclistes gazant. Rivés par les cerques de leurs flancs. Rivés par nos bites à leur coccyx. Accouplant leurs ischions. Emboîtant leurs cuisses jusqu'aux flexions du ménisque. Jusqu'aux chevilles et talons. Mimant leur copulation. L'édéage du second pénétrant le premier. La première. Par convulsions fessières. Dégrafant son blouson cuirassé. Dégrafant son thermogène de passager. Coéquipier. L'entourant de son haleine. De ses écharpes d'hypogastre. Ouvrant sa carapace. Sérigraphiée ou non, R.A.F. Enfonçant sa cravache dans son cachecouilles verrouillé. Y disséminant son fluide séminal. Hennissant comme cheval. Intégral. Cochant son étalon tride. Étourdissant sa ganache. Sa sous-barbe. Son poitrail. Strangulant sa parotide. Tenaillant sa carne, splendide. Y inscrivant ses ongles. Son spleen. Y enfonçant sa phobie d'être hongre. Son brandon sans ponte. Sans enfants. Ou seulement fruits d'Onan. Inexistants. Sans spermatozoïdes. Sinon infanticides. Y canulant ses écoulements. Dans le vide.

Le néant.

Dans le vide verdoyant de leur séant.

Nous aimions beaucoup nous conduire en amants. Mécanistes. Mécaniquement. En amants portatifs de ces mantes religieuses. Broyeuses. Accéder à leur demande périlleuse. Leur présenter nos compliments. Nos agréments. Nos attributs. Imbus. Escalader leur pente affectueuse. Affriolante. Leur relief herbu. Velu. Les laisser se comporter en chef. M.L.F. En cheffesses absolues. Introduire nos sceptres dans leurs atomes incrochus. Être leur battle-dress. Leur sac à dos. Leur paqueton sous cello.

Leur fichu.

Fichus que nous étions.

Irrémédiablement perdus !

Nous aimions beaucoup sentir leur dévolu jeté sur nos paletots de chair. Flasquière. Comme rombière. Leurs dents puiser allégrement dans nos musettes. Consommer nos pommettes. Comme des dînettes. Bâfrer nos exosquelettes. Sentir leurs étaux, serrer nos libidos. Nous faire agir en solo. Par coups de reins. Inquilins. Comme des lapins.

Laisser nos nerfs sans cabêche poursuivre de frémir. Parkinsonniens. Sucrant les fraises jusqu'au petit matin, où mourir. Sans souffrance ni malaise. Sans hystérie. Sans heurts que berceurs. Que besace sans rondeur. Ravis. Ayant servi de soupe aphrodisiaque à leur croupe en chaleur. Maris. Puis éconduits. Réduits en rien. En poudre de perlimpinpin. De martyr chrétien.

Nous aimions beaucoup nous imaginer soudain immense minotaure typhée. Casqué. Romain. Pruineuse odonate. Zinzin. Instructeur lamiste ou gladiateur armé d'un proboscis coriacé. Nous imaginer Thrace. Samitte géniculé. Mirmillon. Termite. Rétiaire. Ichmeunon. Belluaire prognathe acuminé. Nous imaginer tridentaire ou assaillant de choc. Coléoptère bardé d'armes contondantes ou tranchantes. Blindé d'estocs ou de lances. Nous donnant en spectacle. Comme au catch. A quatre. Pugilistes de pancraces ou de jeux de cirque. Entrant sous les huées convenues du public. Vae victis. Caprice de sa vox populi, et, à la merci de son pouce. Ennemi. Indiquant nos bourses. Nos soies. Nos lombes et nos genitalias. Nous imaginant donc là. Comme à Rome. En ce temps-là. Nous avançant sur un proscenium de sable frais rougi. Combattants oints. Ou, huilés, oui. Aigrefins. Roués. Scrutant les génitoires suspendus. Les lieux bizuths. Dépourvus de brassard. De cuissarde ou de plaque de sauvegarde. Cherchant à y porter le désastre. A atteindre les centres nerveux. A poivrer la prunelle des yeux ou à instiller dans la bouche du voisin, du venin.

Du venin.

Typiquement plébéen.

3.

Nous étions des pubères. Des putains. Nous aimions beaucoup les jeux de mains que l'on dit jeux de vilains. Les bains. Les ablutions. Les traîtrises. Les grandes trahisons.

Nous aimions beaucoup, par exemple, nager dans les eaux vives de notre bassin. Comme des dauphins. Aussi bien. Séraphins de nos flots à l'image de leurs bonds divins. Aériens ou postaux. Aimant la nage recto ou verso. Ou sans mains. Aimant passer entre nos jambes comme des sous-marins. Les fendre et les pourfendre. Pour toucher et retoucher sans fin nos entre-jambes. Ou nous y échouer. Agrippés. Ou chalouper et soudain, verser corps et biens. Sans béquille. Au péril mesuré de notre vie. Mollir. En vrille. Lâcher le contenu de notre vessie. Faire tâche d'huile. D'avarie. D'accident survenu inopinément. De signalement. Pour prévenir nos vigies. Cancanantes comme des filles. Ou assoupies sur leurs tonneaux. Ou leurs toupies.

Insouciantes chipies.

Nous aimions qu'elles déclenchent leur plan de vigilance amphibie. Qu'elles sautent de haut. Sans tremplin ni poulie. Au risque de se briser les os. De se rompre, dans l'onde, les phalanges. Ou dans les algues liantes. Enchevêtrantes. Les chevilles. Candides. Les malheureuses petites chevilles. Peu rebondies. Déboîtées. Décimées en esquilles. Finies. Finies.

Nous aimions mettre au boulot deux compagnies de sauveteurs caoutchoutés. Comme qui dirait androgynés. Conspués pour leur lenteur ou leur torpeur. Pour les brusquer. Faire fustiger leur paresse d'apprêt. Ou leur ballet d'hésitation aux espèces d'apparaux. Critiquer leur maladresse pour zipper leur combinaison. Sangler leurs lunettes ou boutonner leur salopette, en s'appelant : cocos. Leur immense maladresse pour repérer le lieu de notre sauve-qui-peut. L'endroit de notre détresse. Ici. Ou là. Peut-être. Au milieu. Priant Dieu de les aider à descendre. En éclairant d'une torche leur scaphandre. D'une torche étanche. Pénétrante et irradiante. D'un halo. D'une auréole d'ange. Ou de Saint-Esprit. Dans les douze volts et demi.

Nous aimions chier dans la colle comme ce n'est pas permis. Faire enrager nos amis. Les surprendre. Surpris. Pour en rire. Jusqu'assez ri et les voir troquer leurs habits de pseudo-pilotins, semi-mondains, pour ceux d'affronteurs du malheur. Supposé. Les voir se magner le train. Se mettre à l'œuvre. Y fourrer le groin. Y effectuer leurs manœuvres. En piqués. Piqueurs très relativisés. Ou en chassés-croisés. Errer. Fureter. Fourgonner. Battre le beurre. Se gourer et patauger. Ratisser le courant à contre-courant. Ou de guerre lasse, modifier leurs méthodes et leurs plans. Remonter à la surface, époumonés. Repousser une gaule, pauvre, et réclamer, au-dessus de leurs moyens, un bathiscaphe fantasmé. Musclé. Trop coûteux. Ou prospecter au jugé. Aux coups de dés hasardeux. Ou à l'examen dans la masse. Ou ausculter à l'écho. Au sonar. De bazar. Sans la moindre bulle de hoquet. Sans un rot régurgitoir. Un simple allô. Sans un mot au cornet. Sans même un petit proutet circonstanciel. Un petit rai. Une étincelle.

Tous providentiels.

Nous aimions demeurer sourds à leurs appels. Laisser indevinée notre cachette. Nous tenir à carreaux. Dans les végétaux ou à l'embouchure de l'un ou l'autre de nos ruisseaux. Nous réjouir de leur déconfiture. Nous gausser de leur échec. Garder top secrète notre planquouse de typhas. Nous y servir d'une quenouille de massette comme d'un tuba. Pour continuer de pouvoir respirer. Immergés. Poursuivre de les observer. Les voir replier leur barda. Stopper leurs fouilles et patrouilles. Arrêter les frais. Prononcer des aléas jactés. Désabusés. Couper court. Composer avec la fatalité. Le mauvais œil. Le seuil du non-retour. Le fatum fâcheux. Malencontreux. Tout le fatras. Le Saint-Frusquin. La main de Dieu ou le rhume quinteux de la Dame aux Camélias. Dans la purée de pois. Le brouillard. Les nénuphars ou les nymphéas.

Comme on voudra !

Nous aimions les entendre s'écrier: baste ! Basta ! Assez cherché et farfouillé. Qu'ils n'en peuvent mais ! Ou parler de nous au passé. Déjà. Dresser notre panégyrique le plus élogieux qu'il soit. Adieu ! Adieu ! Nous élever un mausolée verbal. Ou se faire du mal. Se mortifier. S'auto-culpabiliser. S'arracher les tifs. Chialer et brailler. Ou gémir. Plaintifs. Secoués de spasmes. Ou nous excuser. Alléguer, à notre corps défendant, une crise d'asthme. Un refroidissement nocif. Ou un foudroiement. Ou un brusque arrêt cardiaque. Un collapsus qui fiche par terre, patraque. Ou accuser la pierre désobligeante d'un ricochet pirate. Percutant notre face. Ou tambourinant notre torse. Ou d'autres anicroches prenant des proportions géantes. Gigantesques. D'antres. De légendes. Démentes. Dantesques.

Nous aimions assister à leurs délires grand-guignolesques. Les entendre fondre en des torrents de larmes inépuisables. Incomparables. Se disposer à lever le camp. A s'enfoncer dans la pénombre crépusculaire. Ou, au contraire, voter, à l'unanimité, de rester et de bivouaquer sur les bords de la rivière. Jurer qu'ils ne nous laisseraient pas pour compte. Dire qu'ils procéderaient, demain, par coups de sonde. En nombres étudiés. Ou qu'ils attendraient que l'on remonte. Bouffis. Que l'on remonte, enflés. Dilatés. Que l'on remonte groggy. Saumurés comme une bonde de harengs pecs. Ou concombre poussif. Pastèque. Barrique. Fanon de Moby Dick ou astronef. Vesse. Météore mort ou réchampi bleui sur le décor uniformément gris. Qu'ils scruteraient sans répit.

Juré.

Promis.

A l'infini!

Nous aimions profiter de leurs vociferi pour ramener notre faciès. Profiter de leurs lamentations pour mettre le nez à la fenêtre. Réapparaître. Faisant la planche. Dérivante. Traverser notre rideau de joncs. Ou de cressons et de branches. De protection. Nous diriger comme un ballon amerri vers le faisceau d'un lamparo de nuit. Gouverner notre balluchon vers sa lumière. Pleinière. Vers ses rayons dispensés depuis notre embarcadère. Les entendre crier: Frère! Frère! Frère! Comme terre. Créer la stupéfaction sommaire. Simpliste comme l'ovaire de Colomb. Ou l'interrogation. La surprise. Le qui-vive. La sommation de bidasse. Ou l'interprétation d'oracle. Le miracle. Le concours heureux. L'explosion de joie. Le hourra chaleureux. Poussé par trois fois. A l'unisson. Pour saluer la baraka. Dieu soit loué. Notre retour inespéré des Wahlahas.

Wallons.

Nous aimions être amenés sur le pont de notre ponton.

Tractés pour l'une de nos pinasses. Ou remorqués par l'un de nos rafiots. Gros sabots. Ou hissés par la flèche de l'un de nos palans. Fait d'un arbre fléchissant. Être entourés de nos gens. Contemplés d'une grande presse. Compacte. Commercés. Courtisés ou laissés sans réflexe. Laissant le canular fonctionner. Effrontés. Retardant son dénouement. Désopilant ou intempestif. Impertinent. Résistant aux exercices respiratoires requis. Aux pompages rythmés brassés par des secouristes brevetés. Ou au miroir, mouchard, introduit dans la buée de notre bouche. Aux baisers fictifs de mille bouche à bouche appuyés. Lazare pour émonctoire ou freluquets hémiplégiques d'un lazaret. Revenants abstraits redevenus concrets. Marins lémuriens d'un vaisseau wagnérien. Ou Moïse cru moisi dans l'oasis radieuse d'un pharaon causant chtimi. Jeunes hyènes que nous étions. Galeuses brebis de Jésus-Christ.

Soi-disant I.N.R.I.

Nous aimions beaucoup rester raides. Roidis. Impassibles. Jusqu'à ne pouvoir nous contenir. Jusqu'à devoir réagir à d'irrépressibles stimuli. Jusqu'à devoir frémir et abdiquer sous la pression de chatouillis. Affranchir nos amis. Ébahis. N'en être que plus agonis d'injures et de horions. Tenus de nous justifier, sous peine d'être meurtris. D'être traités à la dure. De devoir comptabiliser nos abattis. Tenus de fournir des explications franches. Qui donnent satisfaction. Convaincante. Telle une crampe. Évidente. Patente. Ou un début d'hydrocution due à une trop longue exposition au soleil. Une raison qui emporte l'adhésion collective. Une invention qui jaillisse de la cervelle. Une inspiration plausible. Un trait de génie.

Un don du ciel!

Nous l'avions quand nous arrivions à résumer notre

duperie en une seule phrase. En une seule et brillante envolée narratoire. Quand nous parlions d'une aspiration comme d'un vampire suçatoire. Entraînant notre corps dans un irrésistible descendo. Dans un boyau. Pour intrépides spéléos. Un goulet. Un goulot. Nous ventousant vers l'inconnu abyssal où, jouets du reflux d'un même courant hélicoïdal, mais ascendant, nous étions recatapultés dans une cheminée verticale, faisant avec l'étroit couloir, à l'instar du décloisonnement bucco-anal, vases communicants.

Ouf! Quel boniment!

Était-ce suffisant? Suffisamment? Assez clairement? Lumineusement? Oui! Eurêka! Nous étions appelés pauvres petits gars. Investis de faveurs. Farceurs. Rouleurs. Requins. Roulés de patins musiciens. Placés comme dans un écrin d'attention. Touchés et retouchés aux seins. A l'étançon des reins.

Aux lombes.

Aux couilles de colombe.

4.

Tout bien pesé — et soupesé! — nous aimions beaucoup être l'objet de ces soins attentionnés. Provoqués dans la plus parfaite duplicité. Nous sentir mal s'il le fallait. Redéfaillir exprès. Tourner du bilboquet crânien. Manquer d'air. Pâtir. Nous affaisser. Affalés. Gésir ou faire les blessés. Couchés dans la poussière. Offerts. A l'endroit comme à l'envers. Remplis de chocs ingrats. De blessures excentriques ou centrifuges. De bosses. Moches. D'ecchymoses mauves ou lilas. De foulures. De brûlures au moyen degré. De fourberies. Fourbement dissimulées.

Nous aimions beaucoup jouer à faire urger. Réquisitionner. A faire s'accélérer nos magasiniers. Nos infirmiers porteurs d'engins. D'injections. De trousses d'intervention. A activer nos camions. Presser nos brancardiers ou nos dresseurs de tentes. Suppléantes. Capter toutes les bonnes volontés. Faire se grouiller les médecins. Lambins. Faire pivoter les civières de toile écrue. Klaxonner les ambulances pansues. Advenues enfin. Rendues opérantes. Rassurantes. Coopérantes.

Nous aimions beaucoup être aveuglés par leurs lampes. Alternantes ou clignotantes. Tournoyantes. Voir tout tourner. Les nuages, les nuées, se mixer. Les bandages déroulés. Les gazes. Les plots d'électricité. Les morceaux de cataphote et de pare-chocs. Les commérages entre badauds. Sombres idiots. Les arrangements à l'amiable. Discutables. Lésables. Les baudriers des gardes-malades. Les tabliers des porte-faix. Affétés. Empesés. Beaucoup trop amidonnés.

Nous aimions être transportés. Véhiculés sans fougue. Dans le fourgon d'une estafette de notre Croix-Rouge. Inanimés ou égrotants. Souffrants. Être mal en point au point de devoir être hospitalisés dans une espèce de resserre de jardin. Ou dans un appentis aménagé à dessein. Désinfecté. Flytoxé. Déparasité. Comme dûment recommandé.

Nous aimions y grabater. Réchauffés d'amis. Marris. Chéris. Ne pouvoir leur parler qu'à demi. Être assistés sans relâche. Pris en charge. Privilégiés. Médicamentés de fruits frais. Volés. Triés sur le volet. Chapardés dans des vergers renommés. Sustentés de livres. Abreuvés de jouets de ferblanterie. Réconfortés. Galvanisés. Entendant leurs souhaits de guérison. De rétablissement preste et prompt. Leurs invitations à s'en tenir aux strictes prescriptions. Aux posologies établies. Aux prises précises de potions. Leurs exhortations à ne filer aucun mauvais coton.

Ni mouron !

Nous aimions beaucoup devoir changer de pavillon. De recouvrement. Sur le champ. Être transbordés dans une charrette à gonfalon. Placés en observation ou entrer dans une chambre de réanimation. Savoir notre état empirer. S'aggraver. Se dégrader. Faire l'objet d'examens sérieux. Requérants. D'établissement de dossiers scrupuleux. De graphiques d'évolution. De points d'interrogation nerveux. De va-et-vient feutrés. Sibyllins. De diagnostics réservés. Postposés. Sans oser rien conjecturer. Sans oser se prononcer.

Nous aimions alerter. Alarmer. Monopoliser l'effectif de nos services cliniques. L'ensemble de nos toubibs. Spécialistes ou simples généralistes. Les voir portés au comble de l'anxiété. Se retirer. Sombres et accaparés. Boire des cafés noirs resserrés. Faire semblant de fumer. Fulminer. Préoccupés. Avouer n'y rien comprendre. Se démobiliser ou retrouver confiance. Supputer de nos chances. Tamponner de compresses nos tempes. Nous talonner. Remesurer notre degré de fébrilité. Incrédules, reconsidérer notre membre de virilité. Pianoter ou malaxer nos testicules. Spécularíser nos cavités. Écouter notre pouls ou taquiner nos trous fonciers. Nous obliger à tousser ou à expectorer. En été.

Nous aimions beaucoup leur causer du souci. Travestir la vérité. Les crisper. Leur faire advenir des gris-gris. Paraître liquidés. Liquéfiés. Frictionner le thermomètre contre nos couvertures. Faire grimper nos températures. D'aventure et outre mesure.

Nous aimions beaucoup dénaturer la réalité. Leur faire passer en revue la palette des pires maux. Ancestreux. Nommer le vomito négro. Décliner la peste. L'embolie. La teigne ou l'asthénie généralisée. Irréversible. Décréter des mises en quarantaine. Des contagions possibles. Mander des messagers hors du domaine. Par monts, vaux et plaines. Ramener des récits de Théramène. Outranciers. Complètement inconsidérés.

Nous aimions beaucoup paraître miraculeusement remis sur pied. En une seule nuit. Être déclarés hors de danger. Un jour. Être estimés aptes. Pouvoir nous lever sans devoir exécuter des tours d'acrobates. Être escortés. Nous vêtir. Aidés. Redessiner notre tilac moucheté. Chausser nos espadrilles ou nos savates. Pouvoir nous promener aux alentours immédiats. Avoir nos pas guidés. Managés. Ménagés. Ou être conduits dans un landau carrossé. Comme un idiot. Aux bords de l'eau. Convalescents. Attachants. Revoir nos amants. Hardis. Vifs-argents. Négocier de prochains attouchements ou recevoir leurs couffins de présents. Qui le filet d'une tanche nassée. Qui, comme cadeau, la chair d'une cerise sans noyau. Qui du miel du pays. Qui des bretzels, des biscuits. Qui la cervelle d'un étourneau étourdi. Qui la gigue (faut-il dire jambe ou jambonneau?) d'une grive. Grosse. Précocement molosse. Malabar. Rôtie, de part en part, sur une broche-rôtissoire.

Nous aimions beaucoup paraître recouvrer nos espoirs. Nos forces. Mortes. Ingérer. Déguster ou nous gaver. Être déconstipés. Ravoir accès au gocks. Nous y précipiter. Déboutonnés. Nous masturber sous notre short. Plier un genou. Nous feller. Débraguetés. Nous faire de longs et déchirants pompiers. Longuement abouchés.

Nous rejeter tout entier dans la gueule du loup!

5.

Nous ne connaissions pas de tabou. Nous donnions libre cours à notre sexualité libre. Primitive. A notre sperme que nous appelions notre baume de vie. Notre ambroisie que nous buvions et sirotions. Fluide. Sapide.

Nous aimions beaucoup le regarder gicler. En exprimer le liquide savoureux. En exprimer les philactères mousseux. Le jus retenu. Les rais. Le boire. Le blanc de fond de coquemar. Nous en gargariser. En recracher le glaire. Le coulis salivaire. L'avaler ou nous tapisser de son mouillis. Nous en mouiller. Inonder. Nous baratter des touches. Nous foutre. Insoucieux. Voyous. Inadmis.

Nous aimions nous en enduire le pubis. En faire maquillage. Désagréable. En beurrer nos visages. Maigres. Nous subodorer. En être écœurés. Pris de violents malaises. Vomir. Renarder. Restituer nos déjeuners. Dégoûtés. Nous dégorger. Nous vider. Expulser nos pitances. Nos viandes imposées. Indisposantes. Nos préférences. Nos soupes aux potirons sans viande. Nos préférées.

Nous aimions nous enfuir. Ou revenir pour nous séduire. Nous flairer. Comme des limiers. Nous fusionner. Miscibles. Immiscés. Nous découvrir nos cibles. Impermises. Futitives. Préparées. Prélapées. Gratuites.

Libres d'entrée.

Nous aimions y assouvir nos prurits. Frotter nos périnées. Masser nos thorax. Animer nos réceptacles favoris. Émettre, s'il le fallait, des ersatz de spermatozoïdes. Des substances de duvets. Choisis. Douillets. Ou des floculences de pissenlits séchés. Ou de kapoks trouvés. Déchiquetés. Ou simplement estafilés.

Nous aimions en confier la laitance aberrante aux eaux. La regarder s'y délayer. S'y dissoudre par grumeaux. Ou nous fixer sur des rochers sans coude. Y former des encroûtements. Des bourgeonnements. Imperceptibles. Des bougements invertébrés. Irascibles. Salissants. Saligauds. Ou jouer à cacher de petits pots de sureau. Boursouflés ou creusés. Remplis de moelle végétale. Comme génitale. Les déposer. Disposés en signaux. Élaborés. En traînées. Orientées. En balises. Apprises. Ou instinctives. A repérer. A récolter. Prélever. A introduire dans nos cavités assises. Élargies. A laisser agir. Fermenter. Pénétrer nos sphincters. Nos humeurs. Nos viscères. Par dizaines. Nous féconder le cratère du cœur.

Le cœur !

Le cœur, sprintie du postérieur !

La régression était notre plus grand bonheur !

Nous l'entretenions. Comme la séduction. Nous limions, à longueur de journée, nos ongles que nous recouvrions d'un vernis fait du vert d'un céleri. Nous laurions nos fronts ou poncions les cals de nos talons. Nous restions assis. Comme bénits. Bels ou faisant des chichis de vieilles ladies. Nous exclamant même : sapristi !

Sapristi !

C'est ainsi. Nous aimions persévérer de paraître inassouvis. Ou las. Démunis dans notre parler. Ou incompris. Nous aimions chercher à nous singulariser. A nous marginaliser, à tout prix, pour davantage captiver. Toujours recharger notre attrait. De sexualité. Paraître ravagés, s'il se devait. Décevoir ou recourir à la préciosité dandy. Abonder dans le sens maniéré. Paraître efféminés. Y concéder. Aller jusqu'à lâcher de ce lest. Ou, tout à coup, redevenir orduriers et nous coupe-circuiter d'avec le monde extérieur. Nous afficher songeurs. Égotistes. Pensifs. Négativistes ou indifférents. Indolemment passifs. Le regard vague et absent. Maussades. Peu affables mais toujours séduisants. Peaufinant nos effets de mise en scène attractifs. Nos vits. Nos petites laines jetées sur nos frêles épaules bibliques. Nos calcifs, pôles d'attraction. Nos caleçons moulés. Nos débardeurs. Brodés d'un cœur, par Cupidon Chasseur, percé. Notre attraction majeure. Nos armoiries de débauchés.

Nous aimions tout ce qui touche au pouvoir séducteur. Du plus platement vulgaire au plus huppé. Sophistiqué. Tout ce qui a trait à la noirceur comme à la nubilité. Tout ce qui touche aux crachats patibulaires comme aux baisers tombeurs. A l'incompatibilité d'humeur comme à l'alacrité. Tout ce qui touche au moi lové ou brutalement délogé. Au bas que la moralité étiquette d'inférieur, à la morbidesse ou à l'éclat noceur. Coureur. Dissipateur.

Nous aimions les deux extrémités.

Nous aimions le sommet et la base, sans relais ni étais. L'obliquité. L'ambivalence. Les phases oscillantes. Prendre la pente savonneuse ou la réescalader. Cultiver la reddition lâcheuse ou l'honneur âprement défendu. La tergiversation irrésolue ou l'action à corps perdu.

Comme une seule et même vertu !

Nous tenions la contradiction pour notre science infuse.

6.

Nous vivions donc, ainsi. En retrait. A l'abri. Quasi. De toute vue. Dans la fragilité et la lubricité. Sans journal ni courrier. Retranchés de presque tout. Sans notion du bien ou du mal. Sans autre projet que de nous explorer le lieu anal. Les fesses et les bijoux. Homophiles. L'anatomie mentale et tactile. Idoines. Sans femme. Sans modernité ni progrès. Ni passé. Comme en panne. Coupés de notre siècle. Sans chef que roueur de coups, roué par nous. Haï. Suborneur. Giflé. Subordonné. Détesté. Déplacé. Repris. Réintégré, la tête basse, dans le circuit.

Nous vivions hors société. Hors masse. Hors urbi, comme on dit. Hors orbi. Hors famille. Dans la crasse et la beauté vivace. Sans structures préétablies. Sans autre hiérarchie que corrompue et aussitôt démise. Sans autre prestige qu'usurpé et bientôt réfuté, abattu. Sans dynastie ni transferts ou transfuges parentaux. Sans brigue concédée. Sans piston sinon pour mieux démériter. Faire dégringoler de tout son haut. Péricliter. Répudiés, nous retrouver à zéro.

Au déluge.

Aux enfers.

Au début.

Nous étions des espèces d'anges déchus. Désœuvrés. Frais et, à la fois, étiolés. Des anges déchirés. Dépenaillés et, en même temps, d'une grande beauté. Masqués. Dans la plus pure ambiguïté. Nous nous serions tués n'était-ce notre amour immodéré pour l'immoralité. L'orgie. La perfidie. La coucherie. La vilenie ou simplement la vie. Leurs avanies ou leur félicité. Leur duplicité. Notre seule dulcie. Adorée.

7.

Nous vivions en demi-autarcie. En parfaite anarchie. Sans autorité. Nous ne le répéterons jamais assez. Sans autorité répressive. Sans père ni frères. Aînés ou puînés. Sans fille. Abusive. Sans sœurs ni cousines. Chafouines. Sans chœur ni choryphée ordonnanciers. Les ayant tous détruits de nos pensers. Bannis de notre consanguinité. Rayés de notre carte. Comme obstacles. Insomniaques. Comme obstacles à notre liberté.

Nous vivions d'expédients saisonniers. D'actes vagabonds. D'occupations incontrôlées. Dans l'impunité. D'opérations mal famées. Vilipendées. Nous vivions de venaison braconnée. De taxidermie. De tenderie. De cueillerie. De cueillette. Sauvage. A la sauvette.

Nous vivions de pêche. De réparation de sièges de bicyclettes ou de rayons voilés. De menus commerces usuriers. De récupération de cautions. De quincaillerie ou de vétérinairerie. De bimbeloterie. D'objets pieux subtilisés dans les églises. De troncs pillés ou d'acrimonie entre gardes-forestiers. Arriérés. De chats jetés dans le poulailler. D'huile sur le feu du foyer. Pour le faire gronder.

Bouillir. Surchauffer. Cracher ses tripes. Exploser.

Explosif.

Comme un shérif!

Nous vivions de manière apparemment anachronique. De façonner des outils. Inédits. Ou des habits. Habituels. Des récipients de vaisselle. Inutiles. Inusuels. Des bêches mal emmanchées. Des mèches ou des moulins à vent de lamiers blancs. Des passavants aussi. Y compris. Des mots de passe écrits dont nous exigions qu'ils tracent ou ouvrent nos barrières. Closières. Guerrières. Les mots: lapis-lazuli ou héminoptères. Ou valétudinaires. Traduits comme du sanscrit. Reproduits en catimini. A voix basse. Au saut ou au coucher du lit.

Nous vivions dans un divin maquis.

Nous n'y voyions pratiquement personne. Personne en particulier. Hormis pour nos échanges mercantiles ou nos reventes maquignonnes. Ou des bandes friponnes. En vadrouille. Des bandes de petits pedzouilles. Demi-sel. Bredouille. Ou des tailleurs occasionnels. D'oseille. Dite surelle. Ou d'osier. Des vanniers. Des fagotiers. Des étêteurs de saules amandiers. Des fabricants de hottes. De cagerottes. Ou des Gitans. Romans. Ou certains consommateurs, amateurs d'amphibiens. Ou des gerbeurs de roseaux faucardés. Rangés et alignés par dizeaux. Ou des éboueurs. Ou des nobliaux, chasseurs d'oiseaux par nos soins dérangés.

Chassés.

Nous aimions beaucoup faire échouer leurs desseins. Blackbouler leurs entreprises communes. Importunes. En sanctionner leurs protagonistes pour avoir triomphé de nos parcours dissuasifs. Enfreint nos consentements. Licites ou tacites. Dressé des trébuchets concurrents. Des traquets. Ou jouer du moulinet. Taquiné nos alevins. Adamantins.

Nous aimions beaucoup les galéger. Les excéder. Croquer leurs engins de luxe. Leur faire s'embobiner crins et catguts. Piétiner leurs amorces de sang caillé. Leurs grains de chénevis. Leur gruyère. Leur riz. Anisé. Dégrader leurs devons. Leurs cuillers. Ou, à d'autres, épigones de nos méthodes, leur pharillon de souricière. Leurs électrodes à la borne. Leurs dynamos de vélos. Leurs asticots et vermisseaux, commensaux de notre eau. Plongés dans l'eau de notre propriété. De marque déposée.

Nous aimions beaucoup nous conduire comme des gouapes. Les voir se fâcher tout de go. Monter comme des soupes au lait. Ou penauds, replier bagages et se tirer. Ou nous affronter. Nous chapitrer. Phraser. Pérorer. Ou crâner. Nous courser. Menacer de nous faire trinquer. Nous promettre de nous aplatir comme des crêpes. Ou faire eux-mêmes la pirouette qu'ils nous avaient promise d'accomplir. Basculer dans l'un de nos puits. S'y fracturer le coccyx. Maugréer. Piauler. Serrer les miches. Nous adjurer de les désenfourner. Recevoir sur la cafetière leurs maudites bourriches. S'égosiller à en faire tressaillir notre crapaudière. Caner et vesser. Sentir qu'ils sont cuits. Que c'en est fini. Penser qu'ils vont crever. Dupés. Gogos. Blousés. Gnoufés. Mis au yoyo. A l'amigo. Comme des poivrots.

Nous aimions beaucoup surprendre, dans ce sens, les couples de tourtereaux. Le dimanche. Surpris dans leurs ébats grivois. Ruraux. Dans un boqueteau ou juchés, en fourche, sur l'à-plat d'un bouleau foudroyé, abattu. Nus ou, du moins, en liquettes. Poussant l'escarpolette. Injust maried. En train de niquer.

Nous aimions les faire maître-chanter. Marcher à la baguette. Prétendre les avoir photographiés. Tirés en portrait dans le plus simple appareil. Les exacerber. Leur faire abouler leur galette contre nos soi-disant clichés. Très privés. Très prisés. Nous régler sous peine de se voir couteler les pneumatiques de leur moto. Ou les renvoyer à pied. Patauds. Dépités. Poussant leur charrette. Leur pétrolette ou leur mécanique chariot. Ou leurs croque-nots. De Roméo et Juliette. Crottés.

Nous étions franchement déloyaux !

Nous étions des blancs-becs, des sortes de tapettes, se comportant comme des rats d'eau !

Nous vivions d'ailleurs à leur aune. Au rythme riverain de ces eaux dont nous usions. Abusions ou que nous polluions. Nous leur ressemblions. Nous épousions leur change. Leur changement. Nous étions clairs ou croupis selon que les choses nous arrangent. Nous confèrent innocence ou alibis. Imprenables. Nous étions faits d'étiage et de crues. Repues. De contrastes durs ou troubles. De doutes. De doublures souples ou salaces. Souplement confondues.

8.

Nous nous battions souvent. A mains nues. Cherchant la baroufle, la chienlit ou les affrontements singuliers. Inouïs. Cherchant les incidents lâches. Cherchant les avantages. Les contusions. Les accidents irrémédiables. Cherchant les dommages. Les damages de pions. Cherchant les intimidations. Réclamant des abdications. Sans rémission. Des éloignements sans conditions sine qua non. Comme des loups plus que des hommes !

Nous aimions produire des hochements de tête menaçants. Faire saillir nos pommes d'Adam. Hérisser nos crêtes dorsales. Résonner nos caisses de résonnance. Empâter nos gosiers. Faire des tractions balèzes. Nous provoquer. Impressionner ou rapetisser. Décliner les rengaines d'âré-petits-bébés. D'aslips. De bisques. Iniques.

Nous aimions nous lancer des piques. Pratiquer l'auto-invective ou la joute de groupe. Nous abreuver d'affronts. Faire d'autrui nos plastrons. Nous planter des banderilles. Pouiller. Nous noircir de fions. Nous gauchir. Nous réduire en bouillie. Nous mésestimer. Nous turlupiner. Débagouler les pires insinuations. Les imputations les plus excessives. Nous démoraliser. Nous comporter en valetaille tyrannique. Nous scandaliser. Accoucher des fruits méphitiques de nos entrailles. Cervicales. Les plus odieux. Les plus gratuits. Les plus antipathiques.

Nous aimions dire : fichtre. Foutre. Dire : delenda ! à propos de n'importe quoi. Dire : fouchtra. Ou banzaï. Comme des Nippons de B.D. Comme des canailles décalcomaniées. Comme des G.Is. Comme des catins. Comme des pousshas. Dire des jurons eurasiens. Ou des jurons anciens. Déformant le nom du Dieu chrétien. Dire des sacristis. Sacripants. Être des chiens. Des chiennes. Idem. Nous sacrer les mordiennes. Épuisés. Nous mordre jusqu'au sang. Partir. Mourir. Ou être chef. Un court instant.

Bref ! nous aimions nous tailler en pièces. Bestialement.

Tenir les autres en respect. Ou en échec. Les stranguler. Leur promettre des châtiments cuisants. Des fractures ou des fusillements. Leur promettre des fracassements de pommettes. Des mutilations de la verge. Des trucs. Rustres. Des truquages rodomonts. Des avalements forcés. Des gavages d'épinoches eschées. Faisandées. Ou de rats de fosses, musqués. Encagés. Présentés sous le nez pour effaroucher. Accouardir. Faire transir ou se trahir. Traiter de traîtres. Dégonflés. De parvenus notoires. Ou de capitulards.

Vendus.

Pelés.

Tondus.

Sinistres individus.

Nous aimions être les maîtres de notre territoire. Les maîtres absolus. En marquer les limites de mâchoires bovines. En circonscrire les bornes, d'urine. De pissats nidoreux. De fientes énormes ou d'échalas d'épines. Buissonneux. Y régner. En décourager l'entrée. La barricader. Parsemer d'obstacles biscornus ses sentiers d'accès. De dangers fabriqués. De chausse-trapes. D'écriteaux iconiques de chasses. De tirs à l'arc ou à l'affût. De couteaux croisés. De panneaux gribouillés. De vetos vernaculaires ou inventés. Ou rédigés en langue étrangère. A faire pâlir. Décontenancer. Détaler sans mot dire ou se taire. Se prémunir. S'esbaudir ou se mettre à pastrouiller. Rire, chocoter ou se carapater.

Nous aimions les bravades, en effet. Les assertions fracassantes. Les grandes déclarations. Tonitruantes. Les défis pour faits non établis. Les multiplications de surenchère.

Comme dans les potlachs. Surnuméraires. Les paris de potaches. Irréfléchis. Les paris de nous couvrir le corps de fourmis ou d'infibuler certains de nos plis. Ou morveux, de nous épicer de poivre les yeux. Ou de dîner de nos vomis. Comme nous l'avions vu, dans un western-spaghetti. Ou de devenir le coprophage des fientes d'un ami. Nous régaler, comme de gelati, de ses étrons aux fruits. Manger sa crème glacée de merde au citron. Manger sa merde au zabayon... Ou au chocolat. Manger sa merde au malaga. Manger sa merde à la vanille couronnée de merde Chantilly. Manger sa merde à la cerise ou aux myrtilles. Aux fruits sauvages des bois. Manger sa tourte de merde Paradis. Sa merde au gâteau bavarois. Aux noix. A l'abricot. Au café viennois ou liégeois. Manger sa merde au sirop de poire. Au savoyard. Au frappé. En Pithiviers ou en quatre-quarts. Manger son soufflé de merde à la noisette. Sa merde fraîche dans une barquette. Dans un cornet à gaufrette. Son parfait de merde en sorbet. Déguster sa merde dans une coupette. Ou une immense coupole. Manger sa merde en profiterole boule-de-neigesque. En Saint-Honoré. En éclair. En Plombières aux confits. Au sucre candi. En waffer. Manger sa tendre merde en clafoutis. Sa merde en amandes. Sa merde bien coulante. A la menthe ou montée en Mont-Blanc. Manger son friand de merde. Son iceberg d'excréments. Manger son baba chié. Son panaché. Son plumcake de bran palmier. Manger son savarin au Brandy stercoral. Son vache de vacherin de petit coin. Ses meringues foirales. Sa chiasse à la gelée de coing.

Ah! nous aimions beaucoup ces léchers de mandorins. Ces poncifs rabelaisiens et taquins. Ces exploits faits de taquinisme libertin et de supplices indiens et chinois. Ces médianoches initiatiques. Ces lavages de cerveau et d'estomac. Ces passages scatologiques à table et à tabac. Cet indéniable côté mens Sada in corpore Sado!

Oui! nous aimions beaucoup ça! L'Umiliatio, comme on dit en latin. L'humiliation qui rend complètement barjot. Ou gaga. La soumission et l'assujettissement qui provoquent des troubles intestinaux et des égarements mentaux. L'équivoque. Les quiproquos qui crèvent le seuil et le plafond de toutes les imaginations. Qui dérèglent les trois ou quatre dimensions.

Oui! nous aimions beaucoup ça. Appeler cobras, les pelotes de dragonneaux dont nous bourrions la gueule de nos compagnons, ras le trognon. Appeler najas de ridicules vermicelleaux. Boas, des animalcules et anacondas, nos lombricules tubifex que nous entubions dans leur estomac. Faire des plus minuscules tentacules de nos eaux, de solennels poulpes. De la moindre radicelle ou du plus petit bout de chique de vermicule, une foule de rampantes bestioles.

D'aquicoles bestiaux!

Nous aimions beaucoup ça! Qu'on imaginât nos tritons crêtelés crachouiller du pétrole-fuel de dragon. Nos contorsions de pythonisse calquer l'écheveau de mille reptiles enchevêtrés. Les eaux de nos eaux infestées de pathogènes baciles. Nos tipules se métamorphoser en oiseaux ptérodactyles. Nos graciles punaises d'eau sortir de verniennes fosses marines. Nos nostocs de gélatine provenir, tout droit, de cancérigènes crottes de nègres Balubas.

Oui! Nous adorions ça! Faire boustifailler du caca parfumé ou voir nos crapauds, dits buffos — et que nous nommions, nous, nos Buffolos-Bill! — nos crapauds détestés, cribler de blêmes bubons leur blanche peau de lait, fragile. Les en plaindre. Pleurnicher, dans une atroce mise en scène, ou les convaincre d'un manque de pot.

Pauvres craquos !

Nous aimions persécuter nos ciboulots. Tanner nos corps. Bizuter nos bleus en les considérant comme de vulgaires bousiers. Cul-terreux. Les goinfrer d'un tourteau pillulaire, charogneux. D'un godiveau fait de lambeaux de chair. D'un salmis gluant et poisseux. D'un vol-au-vent fait d'oublis bucoliques. D'osselets. De viscères et de cartes de visite, merdiques. Un hachis fait d'animaux putréfiés. Un brouet. Une brioche pour congestionner les parois de leur poche stomacale. Y causer d'indigestes et bancals renvois. Des régurgitations de cucurbitacées. Ou de fèces pastorales. De caséeux badigeons que nous obtenions à force de les abreuver de postillons. Ou que nous sécrétions dans nos propres industries. Comme pour les nourrissons. Ou les pigeons. Les pigeonneaux que nous égorgions. Sur une bille. Ou sur un billot.

Dans la bonté infanticide des bourreaux !

Nous vivions dans cet imbroglio !

Nous vivions continuellement partagés entre deux eaux. Continuellement partagés entre deux conduites. Continuellement divisés entre l'altérité et le péché. L'étalage et la démonstration de nos affections. Manifestes. Ou perverses. L'union instable. La mollesse. L'agressivité et le débondage de nos instincts malsains. Le mouchardage patelin de nos petits camarades. L'inocuité et la bestialité insoutenable. Le mépris. Malappris. Le dépit fin de siècle. La déception cultivée ou l'unité réinventée. Dans la fornication. Ou la malédiction.

Nous formions comme une génération spontanée. Déjà dégénérée. Totalement pourrie. Totalement tarée.

9.

En fait, nous aimions par-dessus tout nous fiancer. Nous conjoindre, hors légitimité. Pour la vie d'une journée. Suivie d'une nuit. Bénie ou, comment dit-on? bénite. Alanguie. Concubiner. Ciller. Nous décocher des œillades. Échanger des bagues que nous passions à nos pénis. Publier des bans inconnus du public. Nous faire des avances. Franches. Intempérantes. Conclure des alliances. Indécentes. Convenir. Convoler. Consentir. Nous brasser de bouquets d'élodées. D'iris ou de populages de nos marais. Nous mériter ou nous mentir. Être de faux frères. Nous tromper avec des hôtes ponctuels. Passagers. Nous enfuir. Avoir des relations adultères. Très charnelles. Nous réfugier dans nos grottes sans lumière. Nous flageller d'orties dioïques. Nous tendre nos menottes de vinaigre. Faire un feu. Nous réconcilier deux à deux. Nous épouser dans les règles prescrites. Promises. Puis proscrites.

Superbement pornographiques.

En fait, nous aimions par-dessus tout triturer et malaxer nos jeunes bites. Toucher nos orifices interdits. La sole copulatrice de nos sacrums. La douceur de nos couronnes. Nos glands mongols de colophon. Le seuil de nos coulisses. Le lieu des hommes. Des langueurs. Des lacunes. Des liserons.

Nous aimions toucher nos enveloppes d'enduit. Nos poches de sépia. L'endroit de nos entrelacs et de nos déjections. Nos zones de succion. Les gants jumeaux de nos poumons. Le lieu de nos brasiers. L'endroit de nos biseaux. L'attelle mammaire de nos sillons. Nos sentes corporelles. Nos mancelles. Nos ganglions. Nos raies. Nos rayons mellifères. L'envers méplat de nos éclairs. L'endroit de nos éclats. Les nacelles de nos rustons. L'endroit de nos indiscrétions.

Nous aimions toucher le lieu de nos arcanes refoulés. L'envers de notre giron. Nos anneaux. Nos pavillons. L'endroit de nos canaux. Toucher les pores critiques de notre peau. La mainmise caudale de notre paume. Les schizes de nos rétentions. Le lieu des omissions. Des cloisons. Des compartiments étranges. Toucher le bât de nos deux hanches. Toucher nos lieux offerts. La place de nos plus basses fonctions. Nos offrandes. Bandantes. Les lieux orants de notre seule religion.

De garçons !

Nous aimions toucher nos lieux operculaires. Nos poils. La place buccale de nos gouttières. La menace de nos vallées. Nos boucles. Nos repères. Nos orées tressautières. Les secousses de nos lieux réprimés. L'endroit de notre archer de craie. La chair de sa chair. Carnassière. Nos commissures gonflées. Nos lieux sûrs. Nos lieux sœurs. Convers. Convecteurs. Cutanés.

Nous aimions toucher nos tunnels compères. Toucher nos travées. Nos travers. Nos privilèges. La place de nos anales grandes lèvres. Le lieu de nos selles. La place de nos pets. L'endroit de nos margelles. La corbeille de nos secrets lovés. Les valves de notre suint. La tringle de nos épaules. La pose de nos pinces. Le talc de nos linges. La place de nos empreintes. L'endroit de nos réseaux. L'affect de nos mains. Nos brèches sans goulot. Nos vertèbres. Nos dos. Nos doux. Le cercle de nos calots. La sphère de nos genoux. La place de nos nerfs. La place de notre pouls.

Tout !

Nous aimions toucher tout de nous, en effet ! La souche de notre mucus. La bouche de nos ocelles. Notre anus ou la demeure de nos sommeils. Toucher nos mamelles. Nos cordons. Nos mamelons. La guérite de nos sachets. L'endroit de nos mictions. Nos lieux d'écoulements. D'enfants. Émouvants. L'endroit de nos échanges oscillants. La tumescence de nos étuis. Nos manches. Nos manchons. Nos hampes de candi. L'endroit de nos étrons.

Nous osions !

Nous osions explorer nos jambes. Communicantes. Nos membres sans bande ni bandeau. Nos doux bâtons. Nos dépôts. La catastrophe de nos îlots. Nos langues sans défense. Sans os. Le lieu fessier des sangles. L'endroit des marques. L'endroit des manques. Des dénis. La place des demandes. Insistantes. Le lieu des lits de cendre. L'endroit de nos lieux tantes.

Invertis.

Nous osions donner notre préférence au pilote qui sourit. Hardi. Toucher nos émergences. Toucher l'endroit des draps. Des agnats. Des forfaits. La place de notre hymen anal déployé. Toucher l'endroit de nos fentes. Les explorer à coups de langue. Lécher la place de nos intimités. Toucher et retoucher l'endroit lauré. L'endroit élu. L'endroit lauréat. Toucher la place continente. La place compliquée. Contraignante. Indigne. Toucher l'endroit des crimes. Des crises. Des crèmes. Des comptines. Toucher la place éperdue.

Purpurine !

Nous osions nous aimer sans mime. Par ruts ventriers. Explorer l'antre de l'autre refusé. Explorer nos lieux rejetés. Laissés pour compte ou abandonnés dans la honte. Hautaine. Pudibonde. Les regarder sans gêne. Explorer tous nos lieux érogènes. Le lieu suaire de notre derme. La place croupière de notre dôme. L'antenne gastéropode de notre sperme. Nos ballonnets énormes. Écumeux. Nos lieux d'amour fuligineux. Les lieux mixés de nos écoulements mousseux.

Merveilleux !

Nous osions nous connaître mieux. Ne rien laisser de reste. Rien passer. Aucun des plaisirs du sexe. Surtout s'ils s'exercent, la verge en main, en collectivité. Comme les parties carrées. Sans fin. Au carré. Ou le plaisir de se masturber. Ensemble. En cercle. A la feuillée. Le plaisir d'oser. Se branler. De se regarder faire. Sans barrière ni frontière. D'en finir avec nos manutentions solitaires. Nos séances singulières. Parcellaires. Nos frottis. Minis. De nuit. Nos frictions comme d'un moignon démuni. Nos attentes qu'il soit minuit. Nos embarras. Nos craintes de castrat.

Nous osions explorer l'endroit de tous nos exsudats. La place de nos axes. De nos amants. Le lieu des réceptacles. Le lieu des renflements. Nos casques d'astrakan. Nos orties d'angora. Nos urètres. Nos lieux urticants. Les lieux gourmands de notre siège. L'emplacement de nos fièvres. L'endroit de nos surgeons de soie. L'épi capillaire de nos aisselles. La place de nos courroies et celle, chuintante, des charnières de nos méats. La place de nos crachats.

Vivants.

Viva !

Nous écrier : hourra !

Hourra!
Baise repetita!

Nous osions enfin explorer le lieu de notre rostre bien droit. Le lieu de nos anciens soulagements précoces. Le lieu des malentendus. Le tissu des reproches. Des rebuts. Le lieu des admonestations féroces. Des huées. Le lieu des annexes privées. Explorer nos lieux privés de leçons. Privés de lèche. D'annexion. Saturés de réserves. D'erres. D'inquiétudes langagières. De bévues. De voracité d'amidon. De jets peureux. Pressés. Ratés.

A la con!

Nous osions enfin toucher le lieu de nos écarts. De nos incorrections. L'endroit poignant de nos poignets. Toucher nos lieux distraits. Inadvertants. Le lieu véloce des avances. La place de nos transes. L'endroit de nos oublis. De nos débits précipités. Toucher l'endroit de nos lâchers. L'endroit de nos soupirs. De nos bienfaits. Insatisfaits. Toucher l'endroit de nos fours. L'endroit de nos fous rires de nervosité.

Nous osions enfin branler l'endroit cachemire de nos saccades indomptées. Branler le lieu boursier de nos délires. Le lieu de nos cabanes. De nos cabines. L'endroit de nos officines gorgées de séminales larmes. La chambre de nos membranes. L'épicentre de notre shimmy.

Chéri!

Nous osions enfin branler nos lieux épanouis. Réjouis. Branler nos endroits phalliques les plus inédits. Nos issues. Les plus dissolues. Nous branler sans retenue. Branler l'entame de notre lieu lesbien. Branler notre lieu femme. Gourgandin. Le lieu vagin de notre lieu masculin. L'endroit de nos boules. Volubiles. La place de nos couilles. Le moule symbolique de nos caroncules. Le jabot de nos poulies. L'iris de nos bulles. La fête de nos creux. La crête saline de notre clitoris.

Sui generis !

Pulpeux !

Libidineux !

Nous osions enfin nous poigner comme de jeunes dieux. Remplis de vie. Remplis de vices, de débine et de bonté première. Ne prier d'autre Père que notre Sperme. Notre Sperme qui êtes aux cieux !

DEUXIÈME PARTIE

1.

Ceci est un récit. Construit sur le modèle irréaliste-socialiste. Un récit où il est dit, à présent, que nous n'étions pas seulement des putains lubriques mais aussi, vraiment, de jeunes assassins. Ou, plus loin, des joueurs chtoniens. Ou des menteurs. Des menteurs souverains !

Fin juin, en effet, en nous installant, nous avions zigouillé un apprenti biffin. Fin juillet, un freluquet de Limousin venu prendre livraison d'une cargaison de cuivre et de plomb.

Comme un patron !

Nous avions eu avec chacun d'eux les relations lascives qu'ils exigeaient de nous. Pour arrondir nos comptes ou nous dégrever des sous. Combler nos retards d'intérêts. Nous avions satisfait à toutes leurs déviances. Nous avions masturbé leur membre. Nous les avions irrumés. Livré nos langues à leurs plaies. Offert leurs parties imbues à nos sangsues. Leurs parties malotrues.

Nous avions baisé leurs infections. Baisé leurs complications. Nous les avions languotés. Nous les avions forniqués. Expérimenté la gamme de leurs pariades inédites. Leur faire éprouver des plaisirs sybarites. Nous avions sucé leurs organes reproducteurs. Sucé leurs organes excréteurs. Nous les avions adorés.

Nous avions même été leurs adorateurs.

Nous en avions mal au cœur !

Nous les avions surpris, la nuit, à l'exit. Sans douceur.

Nous les avions délestés du fric. Pris. Promis et perçu. Nous les avions coincés. Nous nous étions jetés dessus. Comme à l'hallali. Nous leur avions coincé le cul. Coincé leur cul fendu. Comme nous aimions. Comme nous l'avions conçu. Parjures que nous étions. Champions de toutes les trahisons.

Nous leur avions alors infligé une punition jusqu'à ce que mort s'ensuive. Bandant nos muscles adducteurs. Bombant et déployant nos agréments vulgaires. Les haranguant. Les heurtant de nous voir renier nos promesses financières. Rauquant ou stridant de toutes nos dents. Soupesant nos roupettes. Décalottant nos glands. Les retroussant. Les compissant. Nous rengorgeant comme des palombes. Les chargeant. Brutalement. Les socratisant dans la région des lombes. Nous intromettant dans le foyer de leur fessier. Échancré. Cuisant. Les creusant. Corrodant. Les forant jusqu'au téton du bran !

Nous les avions molestés. Généreusement. Battus pire qu'ânes bâtés. Bastonnés. Brisés. Butés à coups redoublés. Massacrés. Puis noyés. Nous leur avions fait boire la grande tasse de Léthé, dans nos étangs. Dans l'impassibilité. Imperturbablement.

Nous savions feindre la placidité. La sérénité qui confond. Quels que soient les événements ou le poids de nos errements. Nous savions rester de marbre. Ou de mobilité fantasque, prétendant n'être pas concernés. Nous éloigner comme si de rien n'était. Ou demeurer quiets. Posés. Attendre. Pondérés. L'arrivée des amis des trépassés. L'arrivée des triqueurs. Ou des maîtres chineurs. Exaltés. Mouvementés. Hâtifs. Démonstratifs. Obstinés par leur seule recherche vindicte.

Nous savions nous prêter à leur réquisition. Vouer aux

gémonies les assassins de leurs sous-mains. Sûrement contadins. Ou paladins. Juponniers. Débauchés. A agrafer. Malmener. Tabasser. Faire avouer. A envoyer aux assises. A châtier de leur forfait. A décolleter. Tancer de leur forfanterie. Tronquer. A trancher du fil du fil de la vie.

Nous savions jouer les comédies les plus effrontées. Passer de la flagornerie à l'hypocrisie la plus éhontée. Des compatissements révérents aux cancans. Accablants. Des avis convergents, à l'embrouillamini. Au déni collet-monté. Froissé. Ou mijauré. Au toupet hardi de notre franche loyauté. A l'aplomb de notre bon renom. A l'estime unanime dont nous jouissions. Dans tout le canton. A la cantonade. A l'unisson.

Nous allions même jusqu'à conduire nos limiers sur les lieux où reposaient nos victimes. A leur prêter nos embarcations. A touiller avec eux les obstructions. Les rudérations. A sonder les obstacles suspicieux. A leur suggérer d'utiliser nos barques. Traversières. Ou canardières. De draguer ou de revoyer. De gagner le milieu des barbotières où sont les canetons. Les halbrans. Nasillants. Les morillons. Où nous savions, pertinemment, les corps noyés, lestés par vingt mètres de fond. Entre les mains agrippantes de Charon. Ou dans la panse des poissons. Des goujons. Des vairons. Des tanches. Des rotengles. Dans la panse accueillante des gardons. Des carpes et de leurs carpillons. Tous voracement gloutons.

Nous aimions la simulation, en effet ! La dissimulation agencée. Les brouillages de pistes. Les brouillards gommant les paysages trop dessinés. Les futaies. Les foulards rendant les visages méconnaissables. Offusquant la vue et les regards. Les halliers. Les issues condamnées. Les impasses artéfacts. Les fenêtres aveuglées. Les simulacres frimiers. Les légendes de dionées ou de droséras. Les apparences fourvoyeuses. Les appâts capiteux. Les disparitions captieuses. Les brisées. Surcodées. Les voies d'eau. Les dégâts faits exprès. Calfatés en tapinois. Les trouées. Les claires-voies truquées. Les praticables insus. Les talus. Les trous casaniers ou inconnus.

Les trous par où l'on voit les trous d'autrui sans être vus!

Nous étions des voyeurs nés. Des voisins sans fiabilité. Des cafards. Des Caïn. Fuyants. Fluides. Fluctuants. Indiscernables. Nous étions insaisissables. Nous pouvions paraître aériens. Absents. Éthérés. Ou tordus. Franchement médiocres. Crétins au besoin. Toujours équivoques. Paraître du menu fretin. Irrésolu. Paraître bornés. Lanterner. Paraître bouchés. Faire les falots et les ballots effacés. Paraître bouchés à l'émeri. Jouer les Agnus Dei. Pourvu qu'on nous crût. Des enfants de Jésus.

Nous aimions faire les affadis. Préserver notre paix à tout prix. Paraître virginaux. Baptismaux. Faire battre la campagne. Égarer sur nos véritables activités. Innommables. Imbuvables. Jocrisses. Égarer sur nos pensers.

Nos blandices!

Nous aimions paraître inoffensifs. Dérouter par nos tactiques. Accomplir nos supercheries en affectant soudain de nous en repentir. Nous mortifier. Nous cogner la poitrine. Nous montrer confus. Contrits. Passer de la faconde au plus formel démenti. Singer les Auguste ahuris. Faire porter au compte accidentel de notre étourderie nos pires abominations. Implorer la clémence divine. Faire amende honorable. Quémander qu'on nous rature des grimoires. Des comptoirs. Des tables de retenues. Des bavures et des factures. Inscrites sur un hypothétique grand livre noir.

Nous aimions nous confondre en excuses absolutoires. Ou prendre la tangente. Parler d'inconscience. Adolescente. Nous forger des échappatoires. Disculpantes. Désarmantes. Arguer de faux-fuyants. Controuvés. Esquisser de vagues explications. Ou esquiver et éluder les questions. Emprunter des motifs. Fictifs. Pour flouer. Estamper. Ou nous faire bien voir. Remonter d'un cran dans les estimes. Nous faire créditer de simples égarements. D'enfants. De méprises bénignes. Galopines ou diablotines. Faire accroire aux plus inimaginables jobardises cucul la praline. Pour nous en sortir, encore une fois, par la débine. Ou la sainte dérision. Le cynisme des cynismes.

Notre passion !

Nous étions de toutes les combines. De tous les caprices. Comme les capridés. De tous les systèmes D. Endêvés. Nous vivions dans l'habileté. L'astuce et l'infamie la plus injuste. Nous vivions dans le désistement indolent ou la bisque. La bouderie pour des vétilles. Ou des broutilles. L'apathie ou l'expédition radicale. Vandale. La razzia. Sans foi ni loi. Sans longanimité. La cupidité ou l'ataraxie. La flétrissure. Les ruptures constantes. Consternantes. Les renoncements contre toute attente. L'indifférence à tout sauf, nous le verrons, à l'argent tiré de la prostitution. La désinvolture glacée des tyrans ou l'hypersensibilité des écorchés vifs.

Nous étions despotiques. Nous représentions le dédain postmanichéen. Le compost de l'incrédulité et du désenchantement blasé. Nous formions le fond du panier. Son foin frais et son fumier. Fumiers que nous étions. Putois, putains et chacals pelés. Nous étions pires que les bêtes que nous contrefaisions ou torturions. Des moutons ou des lycaons.

Selon !

2.

Nous aimions les orvets, à notre façon. Mais pour les tuer. Les exterminer. Les orvets rencontrés en lacets. En lasso. Lovés en roue de vélo. Les orvets insignifiants que nous appelions serpents. Ressemblants. Les couleuvres. Pleutres. Leurs caresses. En cercle. Leurs rapprochements par effluve. Leur étuve. Accorde. Leurs nœuds de nattes. Leurs attaches en corde de fakir. Leurs attachements de cuir variqueux.

Vicieux !

Nous aimions observer leur plaisir. Les voir jouir de s'élever. Sortir leur sexe bogué. Bardé de piquants. S'ériger en cierges brûlants. Consumants. Malusants. Se fourrager le pertuis. Se démener. Comme sur un lit. Sans lit. Se pâmer. De manière délétère.

Nous aimions beaucoup les déranger. Les distraire. Les séparer ou les aiguillonner. Défaire et dénouer leurs têtes de Gorgone. Jugulaires. Les empêcher de procréer. De vouloir faire passer la cigogne. Comme chez les hommes.

Nous aimions beaucoup les houspiller. Les harceler de lazzis. Les humilier. Les aiguiser d'une tige d'osier. Flexible. Ou de coudrier. Pelé. Bifide. Les enfourcher. Les voir s'extirper. S'arracher le membre excorié. Dépiauté. Se sauver dans les broussailles. Être des canailles. Des serpents. Vraiment. Nous aussi ! Également !

Nous aimions beaucoup stopper leur élancement. Cingler leurs tempes d'un fouet fort. Tors. Effondrer leurs vertèbres caquetantes. Supplicier leurs corps sans jambes ni genoux. Les porter à nos lèvres tremblantes. Cisaillantes. En garnir nos cous. Nos couilles ou nos aisselles. Les faire frire ou rôtir. Les dévorer en rondelles. En ratatouille. Sans jus ni sel. En ratatouille démentielle.

Nous étions très cruels ou très bons. Imprévisibles et saisissants de contradictions. Nous ne le dirons jamais assez souvent. Nous pouvions détraquer une aile à un merle et, dans le même temps, lui bricoler une attelle. Le prendre en pitié. L'apprivoiser. Larmoyer presque. Le dorloter. Dire des messes pour qu'il se rétablisse. Être tristes de le savoir clocher. Clopiner. Nous lamenter de le voir claudiquer. Crier à l'injustice. Pleurnicher. Piailler dans nos spélontes. Nous ronger les ongles. Sans honte.

Comme des gonzes !

Nous pouvions dormir à son chevet. Le veiller sans relâche. Alité. Emmitouflé. Le pourvoir en nourriture sélectionnée. Le rééduquer. Lui enseigner à voleter. A survivre. Ou lui tirer dans le dos. L'étrangler et le cuire. Sur un réchaud. Ou un brasero. Très chauds.

Nous pouvions délivrer un crapaud. Solitaire. Soliveau. L'excaver d'un goulot de tourbière. L'épousseter de sa terre. Inhumière. Inhospitalière. L'aider à respirer. Être ses auxiliaires dévoués. Ses infirmiers. Ses petites infirmières. Débonnaires. Volontaires.

Nous pouvions l'aider à retrouver confiance. Contenance. Le remettre sur pied. L'ombrager. Le dédramatiser. Réassurer sa psycho-motricité. Le toiletter de sa viscosité. Le rassasier de bonne bectance. Convenante. Gustante. De branches émondées. Chenillées ou galées. L'en saturer et, satisfaits de son obésité, le morigéner. Le faire geindre. Le contraindre de sautiller. Puis de sauter. De se magner la gomme. Lui enfoncer un chalumeau dans le rectum. Y souffler. Distendre sa peau. L'enfler en bibendum fatal. Phénoménal. Lui faire péter sa pomme. Éclater son buffet. Sa graisse de hoquet. Sa grâce de vieux trolley.

Ouais !

Nous étions foncièrement mauvais !

3.

Nous l'étions même avec nos propres porcelets. Que nous élevions. Ou avec les cochons, qu'en spécialistes d'usurpation, nous visitions, de hameau en hameau. De maison en maison.

Nous tenions pourtant au plus haut notre couple de pourceaux. Costauds. Délurés. Ensauvagés. Comme apparentés aux sangliers. Notre verrat bien glandé. Notre laie. Ventripotée. Notre verrat aux rudes soies. Au dos arqué. Goujat ou enjoué, selon sa familiarité saisonnière. Prêt à lui arracher cent baisers. Ou à se détourner de ses grandes lèvres. Vulvaires. Prêt à la passionner. A l'envoyer bouler ou à la sauter sur le tas. A lui placer son vit de crouillat !

Nous aimions beaucoup les regarder tourner en des ronds de ruts désordonnés. Se turlupiner l'occiput. Se tamponner le front. Gratter la terre de leur bauge. Fouir dans leur caca. Dérouler leur queue en tire-bouchon. Comme d'un serpentin, de réveillon de fête. S'épuiser. Se parler dans l'haleine de l'arrière-train. Le groin dans le troufignon. Le chanfrein droit. Conique. Les regarder accomplir leur coït.

Leur magnifique coït de cochons.

Comme eux, nous aimions nous ensemencer le rondibé. Nous bagouser le tiche. Nous bicher le foiron. Aboucher nos zéros. Nous paître et nous mordiller. Aviver nos cuisses. Nous mouvoir dans l'hédonisme boueux. Nous dégrader. Nous adonner aux vices les plus porcins. Nous entre-saisir les seins. Confluer vers nos genoux. Nous entre-bichonner le sexe. Nous titiller le cou. Fléchir. Nous flécher de rudesses. Nous délecter de nous.

Comme eux, nous aimions nous rendre disponibles. Tout entier. Nous fristouiller le bide. Quetter. Nous encoller. Nous entre-prodiguer des giflettes. Nous dévaster le trou. Redemander, sans cesse, qu'on nous appâte. Nous contorter. Nous ovaliser de foutre. Foutrer. Nous humer à quatre pattes. Nous chier dans la bouche et l'épate du nez. Nous réitérer nos placers. Couler. Fondre. Nous redresser. Nous peler le mont et nous entre-friser la pubienne toison. Labourer nos chairs en boustrophédon. Nous stuprer. Nous raboter la cavité. Nous ouvrir. Béer. Sémiller par nos raies. Nous emboutir la cible en son milieu.

Comme eux.

Ne penser qu'à nos queues !

Comme eux, nous étions très instruits de toutes les techniques de relations. Mais aussi, pour eux, pour leur convenir, de toutes les pratiques d'élevage ou d'entretien. Des préparatifs pour mettre bas. Pour bien cochonner. Des soins adéquats à leur donner. A l'approche du part. Des forces à recouvrer. Des augées dont les rassasier. En grains. D'avoine ou de sarrasin. Du bon logement à leur fournir. D'un logement bénit par saint Antoine. Salubre et sain. Où les tenir enfermés. A l'écart. Au régime judicieusement lacté. Sans se faire trop de lard. Sans trop devenir rondouillards. Comme les jeunes gorets. Ou les autres porcs. A l'engrais.

Nous étions très calés. Très doués pour aider les truies à accoucher. Sans avorter. Pour chiquenauder leurs badigoinces. Pour les empêcher de dévorer leurs cochonnets. Nouveau-nés. Pour frotter le dos de ces derniers d'une coloquinte. Dont l'amertume répugne. De crainte qu'elles vinssent, mères dénaturées, à les mastiquer avec leur arrière-faix. Ou pour les empêcher de les écraser, de les étouffer ou elles-mêmes de crever, la bedaine bouleversée. De crainte de voir leur respiration s'accélérer. Leurs pouls faiblir ou se précipiter. Nous étions très au fait, pour leur administrer sans attendre un demi-litre de vin mélangé à une décoction de lavande. De menthe. De thym ou de romarin. Pour les sauver. Elles et leurs délivrances. Elles et leur portée de marcassins. Sans devoir les sevrer. Les biberonner. Ou les allaiter d'écrémé sans lipide. Sans devoir jouer à la poupée de fifille. De porcelets de porcelaine ou de celluloïd.

Nous étions très à la pointe dans notre style. Très à la pointe du stylet. Pour châtrer. Faire devenir cochets. Couper les jeunes truies. Recourir à l'ablation de leurs ovaires. Ou castrer leurs frères, à peine plus âgés. Par ligature ou à l'aide des tasseaux. Comme pour les chevaux. Procéder à l'adhésion des boyaux ou à l'ouverture d'une plaie. Cautériser ou améder des couilles avec un couteau fourbi, nommé amédrouille. Empêcher les fouillis ou, du moins, diminuer la propension à fouger. A rechercher des racines ou des insectes nains. Ou pour leur inciser deux tendons au butoir du groin. Percer leur appendice nasal et le boucler d'un fil d'archal cuivré. Torsadé. Pour les refréner. Comme esclavagés.

Nous vivions, comme nous l'avons déjà signalé plus haut, de cette vétérinairerie sous le manteau. De toute cette quincaillerie pour porcheries. D'aller de petites fermes en métairies désuètes. D'y propager la maladie ou, selon notre humeur, sa prophylaxie. De nous présenter chez des particuliers comme fils de guérisseurs jurés. Ou fils de gros fermiers, nos ennemis patentés. Comme consultants à payer. A rétribuer en morceaux frais prélevés. Ou en charcuterie assaisonnée. Stagionnée. Ou en argent bien trébuchant. Pour prix des conseils dispensés. Sur la manière de bien nourrir. Rationnellement. Tout en épargnant. Pour mieux engraisser. Savoir choisir d'entre les farineux, les moins onéreux. Les plus substantiels. Savoir mettre à aigrir. Tremper dans un cuvier. Convertir en bouillie, les eaux grasses de vaisselles. Leur adjoindre des radicelles, des raves, des orties ou des navets. Les vescer ou les tréfler. Les faire surir. Les luzerner et choucrouter. Les brasser et porter à tiédir. Ou dans les localités où l'on fabrique l'eau-de-vie, employer les baissières de rebuts. Ou les résidus de laiterie, dans les régions non fromagères. Ou les fonds de bière à houblon. Ou les mares d'amidon. Les déchets de triperie. Ou le sang abondant et les glands.

Succulents !

Nous étions particulièrement intarissables sur la prévalence des glandées. Sur l'excellence lardée que procure le parcage. La graisse plus dure. Sa fermeté moins grasse. Rosée. Son absence de suintis et de graissues traces. Sur la voracité des élèves tout à leurs fruits. Sur leur turbulence avant que d'être servis. Leurs grognements d'enfants. Contents. Insistants. Leur danse couinée avant que de se jeter sur leur provende. Leur impatience pour se précipiter sur cette pitance qu'il faut drécher. Placer dans une fosse. Arroser de force eau salée. Recouvrir de terre jusqu'à ce que les graines aient regermé. Les retirer. Faire déssuder. Les égruger et délayer dans un brouet. Allongé de petit lait. Suret.

Secret.

Top secret !

Nous avions l'art d'éblouir les valets-palefreniers ou les ouvriers ruraux assignés à leur éducation. L'art de nos excès. In extenso. L'art de déballer sous leurs yeux de paltoquets des solutions magiques de sublimé. Des antiseptiques d'enfer pour les maladies pédiculaires. Des flacons d'eau bororiquée ou crésylée. L'art de pointer une simple sérosité ou un sujet engravé, en levant les bras au ciel. Un ver d'oreille ou une ridicule pierre de gravelle, en théâtralisant nos effets. L'art d'escamoter les faits. L'art d'accuser une pauvre blatte en la talquant d'un entier paquet de sulfate cuivré. Un onglet dans les yeux ou un compère-loriot, en les bassinant d'un trois quarts de litre de vitriol bleu. L'art du Barnum et du Medrano. Frauduleux. L'art de la démonstration-éclair et de la prestidigitation mystère et boule de gomme. L'art de prester à coup de débauche de dissolutions aqueuses ou de noir savon. En appliquant un entier cello d'étoupe sur les moindres fluxions, ecchymoses, enflures ou riquiquis petits bobos. L'art de pressurer les hures et les burnes à zozios. D'introduire un doigt opiacé dans les trous de balle entérités. D'intervenir à coup de poudre d'os ou de phosphate de chaux. Ou au décocté. Pour soi-disant désencroûter. Soi-disant désinfecter les enclos. Ou décréter incurables, les maux dont les animaux sont frappés. Dire qu'il faut liquider l'élevage. Envoyer les bêtes à l'abattoir. Les transformer en bêtes de boucherie pour la saucissonnerie. Dire que c'est l'exanie. La rage. Ou les hémorroïdes d'Asie. Ou l'ophtalmie considérable. Irréversible. La ladrerie. La terrible ladrerie qui provoque la neurasthénie. La queue qui cloche sans vrille. La déclaration à la mairie. L'angoisse de toutes les paperasseries. Le passage du clos d'équarrissage. La crémation ou la solubilisation des charognes. Charognards de porques que nous étions. Busards de cochons. Comme rapaces d'hommes. Ambulants bubons. Fussent rose bonbon !

Nous étions pires que des cognes. Pires que des spadassins commandités. Pires que des sacrificateurs aigrefins et roués. Des porte-malheur. Des Docteur Guillotin. Des exterminateurs de porcins. Nous étions les descendants Sanson de ces cochons que nous affections d'aimer. Que nous haïssions, en réalité. Sinon à les regarder se conter fleurette. Flirter dans leur crassier. Se fréquenter sur leur fumier de merde. S'honorer et piner. Se satelliser. Se festoyer les fesses. S'éclater les glandes. Moussantes. Se fourmiller l'antre avec un vit en forme de langue de tamanoir-fourmilier. Y répandre un sperme d'œufs hardés. De lait entubé. Nestlé. Périmé. Ou de laitance de hareng saur dit sauret. Un sperme d'abcès jauni. De fond de billebaude sans nom. De tréfonds de caquelon et de cachet cireux. Un sperme glaireux de Dieu-Cochon !

Monstrueux !

4.

Du reste, nous aimions beaucoup les monstres ! Les créer, de toutes pièces, dans l'affabulation, comme les désintégrer, ensuite, dans l'impossibilité fornicatrice. Nous dire leurs amis. Entretenir, à leur sujet, des mythes. Fumeux. Vaporeux. Accréditer des récits occultes. De tarentules ou de forficules, énigmatiques. De rotins. Léonins. De goules de joncs. D'avortons maboules et folichons. Rubiconds.

Disait-on !

Nous aimions beaucoup les vices de conformation. Les extrapolations de science-fiction. Les protusions insolites. Hippogriffes. Les tumeurs. Les imperfections. Les hideurs anencéphales. Les difformités héréditaires. Les cancers. Les callosités. Les protubérances faîtières. Les phlegmons. Les borborygmes abscons. Ou les demi-portions. Les myrmidons. Les nains. Badins. Les nabots. Les ragots que paissent des bouquetins. Ingambes. Dispos. Tout à leurs travaux de mastication. De nutrition. Sans repos.

Nous aimions beaucoup les imaginer à leur coït. Ventre à dos. Formant un mécanique duo. Mais désappareillé. Hors espèce. Tentant de juxtaposer leur taille diverse. Tentant de faire l'amour en escabeau. Être trop longs ou trop courts. Hors mesure. Faire piètre figure. Voir leur queue n'y accéder. Leur cou bâiller ou s'éventer en plis d'accordéon. Se baudrucher ou se ratatiner. Devoir user d'un éperon calcaire. Ou se tracter par la toison axillaire. Ruter. S'auto-scooterer. Faire les bulldozers ou s'ingénier à s'imbriquer en cosy-corner. Éjaculer à côté de leurs pompes. Dans un parterre de fleurs ou dans les ronces. Ou sur les gâtines. Ou sur leurs échines ou leurs rondeurs maxillaires. Morver sur leurs jambières. Cuirassières. Bléser sur leurs croupions. Bessons. Leurs bedaines. Bossuées. Leurs becs-de-lièvre. Leurs machines arrière. Leurs becs de perroquet. Incarnés. Martyrisant les doigts de leurs pieds.

Nous aimions beaucoup les imaginer incapables de se désengager. Incapables de se désemboîter. Demeurer encollés. Comme chattertonnés. Scotchés. Se déplacer automatisés. Robotisés ou gigognés. Être des cabas de gras soudé. Des goîtres de guingois. Faire leurs laisses en traînées sur soi. Être leur propre chaise percée. Perclus. Réentreprendre leur ixième combat couillu. Leur énième lutte. Sans pouvoir toucher au but. Se tempêter. Temporiser. Tanguer. Danser un tango renversé. Mortaiser leur hybridité. Se tarauder le mécano. Se tenailler les résistances. Les émargements de scolopendres. Se fraiser la viande, sans ménagement. Se brouter les charpentes chamboulées.

Comme de très vieux chambranles !

Nous aimions beaucoup les imaginer prendre leur mal en patience. Se résigner. Composer avec leur géminalité. Vieillir de conserve. Rémoras parasites. Ou super-appendices excréto-nutritifs et vice versa. Emmêler les blocs de leur Légo. Les barreaux de leurs tibias. Interpréter leur Traviata de traviole. Être montrés du doigt. Mendier pour subsister ou s'infecter. Puruler. Être congestionnés. Frappés de surdité partielle. De paresse intellectuelle. Tousser. Mincir. Être tiraillés. Devenir haridelles et rejeter du sang avec leurs selles. S'inflammer. Avoir des élancements. Des battements. S'œdémier. Indurer. Chancrer. Ou suppurer. Gercer. Commencer à talonner en marchant. A planer. A aller de déconvenue en déconvenue en se déplaçant. Voir leur verge s'informer en massue. Ou en battant de cloche. Moche. Se mettre en route pour le cimetière d'éléphants schnoques. Ou de mammouths équivalents. S'appeler, mon loulou, toc-toc. Se répondre : ma louloute, en hypocoristique morse. Périr accouplés, inaccouplées défroques. Comme divorcées. Comme séparées par divorce ou précoce viduité.

Nous aimions beaucoup les imaginer à l'état de squelette. Ou en miettes. Servant d'engrais. De poudrette. Ou en os esquillés. Gravés. Portés en amulette. Ou en affiquets. Chamarrés. Enjolivés. Ou en boutons de braguette. Ou reconstitués dans quelque musée des aberrations. Ou devenus savon. Savonnette. Chaux. Ou flûteaux, pour troupiaux. Ou grelots condylés pour ancêtres de nos chevaux. Ou raclés. Curetés. Passés au trépan d'une termitière. Sectaire. Mandibulaire. Ou ballant. Se balançant au vent d'hiver. Ou sur une enveloppe. En colle de timbres-poste. En affranchissement épistolaire. Ou en bas d'une colonne. Sous la vedette réaffirmée. Sous la formule de politesse. En post-scriptum. Inoblitérée collerette. Espèce de port-payé. Ou appel du pied. Réponsier. Ou simple lettre.

Partie.

Comme nous.

Définitivement !

Sans laisser d'adresse !

5.

Nous aimions beaucoup ça. Dire que nous étions sans adresse ni repère. Soutenir que nos pères étaient morts à la guerre. Nos frères et sœurs, placés dans un orphelinat. Nos mères aux mains de proxénètes. Au fond d'un bodéga teuton. Menteurs, que nous n'avions ni grand-mère ni bon-pa'. Ni tuteur ni quoi que ce soit. Menteurs, que nous étions des gamins trouvés ou abandonnés. Des galapiats. Menteurs. Des oiseaux pour le chat. Menteurs, des chats que nous aurions cent mille fois tarabustés. Étrillés.

Tranchefilés.

A fond, pour dire la vérité, nous mentions pour nous protéger. Pour nous suffire ou croupir sans jamais avoir à nous justifier. Être pusillanimes quand et bon il nous semblait. Ou guillerets. Revigorés et requinqués. Pour pouvoir souiller. Toujours souiller. Envisager toutes les éventualités. Être évasifs ou laisser notre interlocuteur dubitatif. Rester les bras croisés ou les poings rageurs prêts à ratiboiser. Pour rester sans mémoire du passé ni projet sur ce qui pouvait nous arriver.

Au fond, pour dire la vérité, seule notre langue nous rattachait à un certain passé. Que notre langue présente ajourait ou recouvrait d'un voile insidieux. Selon que nos mots et ce qu'ils représentaient à nos yeux, nous agréaient. Selon qu'ils évitaient de nous réenraciner ou ressourcer. Bourrelés de regrets nostalgiques ou d'une quelconque croyance en quelque progrès. De continuité. De relais ataviques. De relations avec de passéistes mythes de fondation. Historique. Nous détestions ces retraits régionalistes. Fixistes. Comme toute utopique amélioration. Nous étions d'une autre mobilité. Où notre langue nous servait de parois peu étanches. De porosité. Pour bouger. Nous déplacer comme dans une salle de nulle attente. Aller dans la seule heure présente. Vivre de médisance ou d'éloge. De louange ou de discrédit. Garanti. De réconfort et de déprime. D'expressions prostrées. D'exubérance ou d'abîme. De petits fascismes routiniers. De tergiversations confuses. De terrorisme ou d'expansion inattendue dans la bonté. D'intensité et de délitescence. De désespérance ou de déréliction. Par exemple, pour l'amour d'un garçon. Brun ou blond. Pour l'amour d'un giton. Pédicon.

Au fond, pour dire la vérité, nous étions comme des puits profonds. Nous ne nous souvenions plus de ce que nous venions d'accomplir. Tuerie ou futition. Démoralisation. Charnier ou duperie. Nous étions sans souvenir ni repentir. Sans nous revoir en train de flétrir ou d'avilir. Sans vouloir entrevoir ou nous forger un avenir. Disponibles sans être nécessairement disposés à agir. En crise ou parfaitement d'aplomb. Parfaitement des nervis dans des cabochons vides. Sauf d'ignominie ou, soudainement, d'altérité comme d'altération.

Nous mentions, en effet, comme on respire. Comme deux poumons. Comme dans la vie. Nous pouvions très bien dire oui comme non. Sans nous faire affront. Tout était possible. La pire mauvaise foi. La dénégation. La reprise. La répétition en battant du plat ou les crapuleries et les baisers de Judas. La capitulation ou l'invention.

Le trompe-l'œil. L'esquive de tout écueil. Le décor de carton. L'écran. L'étron. L'écart. L'en-cas. Le faux-fuyant.

Permanent !

Nous avions dix, douze ans. Treize. Peut-être. Pour les plus grands. Cent ans moins trois. Ajoutés ou soustraits. Plus que cela. Mil e tre. Mille et trois. Nous étions des bébés futuriens et des descendants bougnoules de Boduognat, l'Adua. Des enfants de Nemrod et du pithécanthrope à dada sur Vénus. Des marchands d'anus et des mannequins d'orgeat. Des fruits de rosolis et du vocabulaire de roulis des harengères. Des déclineurs de rosa de roseraies. Des éphèbes d'Éros erotica. Du caca de première !

Mais de première de gala !

6.

Oui ! nous avions un sens exceptionnel de la fête caustique et parodique. Nous excellions dans le pastiche des rites religieux. Des rites d'allégresse ou funestes. Les deux. Les pastiches d'offices. Moyenâgeux. Libidineux. Nous aimions beaucoup émettre des lapsus curieux. Impies. Irrévérencieux. Parodier les messes en si. Décupler les amphigouris et les solécismes de Gloria. Faire charabia. Débiter des fatrasies. Des facéties de bougnats. En patois. Profaner le sacrifice de la croix. Avoir des boulimies d'hosties. Chanter Palestrina, à tue-tête. Être sacrilèges. Sacrifier à notre seule parousie. Notre sexe. Notre monomanie !

Nous aimions beaucoup le draper d'un manuterge de cérémonie. Agiter ses clochettes. Fluettes. Le processionner. Dire nos noires messes à son intention. L'élever en ciboire. En faire communion. Par fellation. En extraire son vin. Son macérat de nutrition. Pubères que nous étions. Putains. Putois !

Nous aimions beaucoup parodier les incantations. Au Père. Au pain. Quotidien. Marmonner des contrefaçons de prières. Muser des patenôtres ou entonner des cantiques à la guimauve. Nous habiller de blanc jaune. D'aube d'oignons mussifs. De cytise ou de citron. De linges d'église. D'amicts blondoyants. D'étoles. De jaserans pétrole ou nicotine. De nylon. De dentelles. De coupelles de faux nichons. De coupoles remplies de bibine. De laiteron. Poison ! Que nous exprimions et buvions.

Nous aimions beaucoup les reconstitutions. Les mimes d'inhumation. D'obsèques. Obsolètes. Les funérailles intimes. Sans ouailles ni oreilles indiscrètes. Les moments ultimes. Moribonds. Les recueillements penchés. Confidentiels. Les contritions. Le râle. Vital. Terminal. Les déplorations dignes. Les déshabillements affriolants. Les lavages maniérés. Précautionneux. Les rasages privés. Pileux. Les épouillements de tiques. De parasites. De lentes. Souvent chiantes. Envahissantes. Les applications de cosmétique. D'émollience. D'onguent déodorant. De liniment. Les recouvrements d'un suaire. Satiné. Ajouré ou brodé. Lotionné.

Nous aimions beaucoup reconstituer les maisons mortuaires. Linceuler le défunt désigné. Le toucher au short. Chacun. L'honorer de rubans passementiers. Noués. L'en délacer. L'abluer. Le toger. Recommander à Dieu son âme de pédicon damnée. Pastiller d'un baiser langoureux sa bouche refermée. Lui recouvrir les yeux de ses paupières. L'exposer sur une couche d'églantier. Ouatée. Immaculée. Le fleurir et l'ensevelir. Le mettre en bière. Le lustrer. Le lutiner un dernier moment. Lui chipoter les raidissements. Sensuellement.

Nous aimions beaucoup les rites d'enterrement. Les artifices de convoiement. Étudiés. Documentés. Les défilés de servants. Avenants. D'acolytes croustillants. Les aspergès. Les rites charbonniers d'encens. Les petits malaises. Les vertiges. Les tournoiements. Les céphalées. Les cortèges de voilettes. Conchiées. Désuètes. Les brouettes sans cheval ni curé. Dorées. Ou les calèches encombrées de fleurs champêtres. Miscellanées. Ou fraîches et arrachées sur nos berges. Comme les pesses ou le carex. Les laiches. Le faux-aloès. La linaigrette. Le rubanier ou la reine des prés. Les pompons de nos joncs chaisiers. L'élodia ou le caltha. Le potamot flottant parmi nos roseaux flotteurs. Le cœur balancé dans le bonheur éperdu de marcher. Rangés. Rapprochés. De nous effleurer le centre. L'entre-jambes. Les phalanges. Les reins. L'oiseau. Le crin et les besoins sourciers.

Nous aimions beaucoup, en cours d'exercice, faire les grimauds éduqués de nos cours de latin. Pour certains. Nouvellement donnés. Trop nouveaux pour être bien digérés. Bien assimilés. Réciter nos premières leçons reçues sur les Romains. Citer Caton l'Ancien ou Catulle. L'homme est un animalcule, la Donne, une catin. Mimer la peine du conjoint. La solitude de son pénis ou de son vagin. Le vague à l'âme des pommadins. Les dieux contraires. Ceux qui ont des moustaches et des sourcils atrabilaires. L'être cher parti en montgolfière. Évoquer sa carrière. Exemplaire. De fonctionnaire. La vie et ses ornières. Sidoine, ou Sidonie, disions-nous ! Apollinaire. La terrible raison qu'il faut s'en faire. Les chênes que l'orage jette par terre. Comme des bananes. Vulgaires. Les sanglots longs des mirlitons. Les pauvres militaires qui, eux, viennent toujours à disparaître, à la guerre. Sans tambour ni trompette pituitaire. Évoquer les grandes douleurs muettes. Les paluches se faisant longuement branlette. Les boulettes sur boulettes. Les pertes de mémoire qui font dire : Machinchouette. Les bévues du genre : sincères félicitations.

L'expectoration nasillarde des mollards. La désignation de la marque exacte du corbillard.

Un break-Char !

Coupé Trois Quarts !

Nous aimions beaucoup mimer les mouchoirs s'envoler. Comme des papillons de juin. Les clichés. Le chagrin partagé qui devient un fardeau consanguin moins lourd à supporter. Tertullien vers 220. Paraître malins. Réciter des vers lamartiniens. Sur l'univers ou la misère. Inique. Ou mimer les speeches spécifiques. Mimer les radotages mélos. Les allocutions des mecs chics s'emmêlant les pinceaux. Causer à côté du micro. Zozoter. Mimer les zézayements navrés. Les tiraillements estomaqués. Les obsécrations et les jurons ravalés. Juste ciel ! Mimer le désarroi existentiel. Les arias et les apitoiements a capella. Parler des impedimenta. Du nouveau logement (galetas) qu'il faudra chercher pour caser la smala. Mimer les abattements orphelins. Le changement de ton et de teint qu'on attrape en entrant à l'orphelinat. L'inimitié néfaste. Le temps qui, inexorablement, presse et passe.

Horace.

Vers 84.

Dans les années 87 !

Nous aimions beaucoup mimer le spleen smart. Ou cracra. Les cocodès traînant la patte. Les copurchics qui s'en tapent le tampon. L'Empyrée qui se fâche tout rond. Les platitudes d'Automédon. Les conversations se mettant à rouler sur les embarras de la circulation. Les déviations. Les îlots de direction. Les auriges à la noix. Les bouchons casse-pieds de fin de week-end. Au retour de la mer Caspienne. Ou flandrienne. L'augmentation sur les crêpes, brassards et macarons. Les crêpages de chignons pour le partage du pognon. Les titres. Le pèse. Le picaillon. Les pépites. Les pépètes. Les coupons ou les raclures de fond de tiroirs et de matelas de thésaurisation. Ordures que nous étions ! Foutards. Crapules. Malandrins et greluchons. Nous ne respections donc rien ! Ni personne — adultes ou non ! — ni corps. Ni mort dans son trou. Ni trésor. Ni biens. Rien du tout !

7.

Nous méprisions tout, c'est bien vrai ! Même les fous. Ces fous que nous-mêmes nous paraissions ! Ces fous dont nous venions à peine pourtant de mimer les joyeuses fêtes et faux sermons. A Saint-Raisin ou Saint-Jambon. Oui ! Nous méprisions les fous. Comme les filles, les vieillards ou les noirs gabelous. Les fous surtout qui nous pilonnaient de cailloux. De boulets de terre. De tessons de verre ou de briquetons de tourbe. Les fous qui nous hélaient : écoute ! Nous interpelaient par nos prénoms. Choûte ! Choûte ! En wallon. De venir écouter leurs propositions. D'émettre des proutes. Des pets. Ou de chercher d'imaginaires bibiches qui montaient dans nos slips. Ou dans nos singlets. Cinglés qu'ils étaient ! Demi-doux. Arrière-demeurés. Pour nous toucher les œufs. Scrogneugneu ! Nous susurrer des billevesées. Insensées. Jeter leur va-tout sur nos chairs. Pâturer nos bourses coronculaires. Nos doux bonbons. Comme, cependant, nous aimions !

Nous détestions essentiellement leurs manières. Leurs façons de faire. Trop grimacières. Chahutières. Leurs piétaillements. Leurs lancements de pierres. De ballast. Ou de nous battre la plaque du podex. A coup de visière de casquette. Leur serrement au sexe. Leur force de Goliath. Leurs nerfs. Leur énervement. Leur sotte précipitation sur nos fondements. Leur éjaculation précoce. Catastrophe ! Leur courroux. Au lieu de s'en remettre à nous. Comme nous les en priions. De prendre rendez-vous. Hors de leur maison. Calmement. Aux étangs. Fin août. Chez nous.

Nous aimions les faire gamberger. Marcher comme des toutous. A nos pieds. Comme des clebs décervelés. Les attraire par la seule attirance du sexe. Ou l'offre d'un marché lié à la sexualité. Les attraire dans notre lupanar où nous livrer à eux contre des joujoux de grand bazar comme enjeu. Contre des joujoux anciens. D'antan. Crétins et innocents qu'ils étaient depuis plus de vingt ans! Contre de mécaniques jouets de fer blanc. Peints. Qu'ils gardaient. Précieusement intacts. Fonctionnant jusque dans leur moindre tic-tac. Ou le plus insignifiant ressort. Contre nos corps. Qu'ils nous refileraient, jouets, donnant donnant. Corrects. Contre des branlettes. Ou des pompiers. Par absorption complète. Contre des minettes. Ou pour des minous. Sur le chatou. Contre des silhouettes lithographiées. Bariolées. Ou des camionnettes. Estafettes. Ou des avions. Contre des figurines de plomb. Ou en laiton. Des machines de rémouleur. Ou des barcasses à vapeur. Des automates se déplaçant à pas de loup. Des singes grimpeurs. Des kangourous boxeurs. Ou des promeneurs. Contre des facteurs des postes. Ou des autos à pneus Dunlop. Ou des pilotes de motos. De bateaux ou de chars d'assaut. Contre mille assauts. Mille positions. Pornos. Promises à ces idiots.

Nous aimions beaucoup les voir poindre aux bords de nos eaux. Un matin. Habillés en jumeaux d'une toile de puisardier. Vert d'eau. Ou d'épicéa sapin. Fadas. Gagas gandins. Mal fagotés. Éberlués. Le nez violacé et le regard enfiévré. Ou hagard. Signaler qu'ils étaient bien là. Ohé! Ohé! Au rencart. Fidèles à l'agenda fixé. Fidèles aux cadeaux exigés. Exhibés. Empaquetés. Moins zozos qu'ils ne paraissaient. Montrer qu'ils étaient venus pour ça. Qu'ils désignaient du doigt. Qu'ils faisaient coulisser dans un anneau centré. Comme vaseliné. Pour s'astiquer. Prouver qu'ils étaient moins marteaux qu'on le croyait. Moins toqués. Pour se masser. Pour encoder leur message.

Nous aimions beaucoup les recevoir à contre-visage.

Déguisés. En petites filles. Perverties. Affublés en filles sans plus aucun pucelage. Peinturlurées. En filles. Tant haïes. En filles de boxon. En tarlatane de jupons. En corset madame, colifichets et culottes à boutons. En jupes à volants ou autres affriolements. En vêtements apaches. Trop larges ou trop grands. En leur suggérant immédiatement la place de notre baraque à moustaches. En soulevant un pan de notre soutache. En découvrant un genou. En les rendant littéralement fous. De nous. Fous de nos trous cachés. Fous de nos trous qu'ils impatientaient de cougner. De vouloir nous arranger l'arrosoir annelé. Nous planter un étai. Tout lâcher. Urine. Y spermer leur précipité. Leur colombine. Leur coulant Coulommiers. Vider, tout entier, leur sang de périnée. Gonflé !

Nous aimions beaucoup les surexciter. Les chauffer à blanc ou les pétrifier à la vue du nôtre. A la vue de notre sang. S'écoulant. Sourdant comme d'un triangle de tantes roses. Surgissant comme d'indisposes et imprévues menstrues. Fausses évidemment ! Émanant d'un tube de mercurochrome. Ou d'une bouteille de jus de groseilles que nous tenions serrée contre nos porte-jarretelles. Que nous actionnions subrepticement. Ou que nous réchauffions contre nos couilles. Comme une stritchoule. Comme advenant d'une seringue qui mouille en perlant et vaporisant. En maculant nos bandes de coton. Nos périodiques tampons. Que nous avions le front de leur jeter au front. Nos ménorragiques chiffons. Nos règles. Nos anglaises. Nos époques de malaise.

Nous aimions beaucoup en arriver à ce point d'orgue de notre mise en scène. Voir ces deux allumés de la petite culotte, entrer comme en épilepsie. Se tordre de plaisir. Avoir une boulimie d'étoffes mâchurées. En faire leur bâillon. Avaler nos traînées de clottes et de caleçons. S'en ragoûter. Lécher nos flux de fausse motte. Mastiquer tout ce que nous leur lancions au faciès. Alaises ou capotes. Hygiéniques serviettes d'absorption ou bouts de cierges consolateurs. Entubant ces derniers dans leur bloc postérieur. En usant comme d'un olibosque. En riant. Rieurs. En régularisant la douleur du va-et-vient. Pour le plus grand bonheur de leur popotin.

Nous aimions beaucoup les voir en proie à leur gourdin fouetteur. Une main sur leur vit mutin. Une autre remplie de ragnagnas se ramonant l'arrière-train. Comme des chiens. Comme des chevaux de bois. Y aller en l'encule. Comme à la bascule fourrageante. Accomplir cette auto-performance d'Hercule. Se fustiger à la férule de cire ramollie. Projeter par devant leur chalaze, tout en se nettoyant, par le séant, l'écurie d'Augias du trouduc. Être enfoirés comme d'un tuf émollient. Ou turfistes hystériques se retrouver au tapis, comme des jockeys démontés. Culbuter et saisis, être frappés de stupéfaction. Comme au sortir d'un rigaudon. Saint-Gilles et Saint-Gui. Réunis.

Nous aimions beaucoup les voir tituber. Rétrograder comme à tâtons. Ou abrutis, se mettre à tournoyer en rond. Ou tomber en atonie subite. En catalepsie. Comme sans suite. Ou nous suivre en considérant tout ce que nous disions comme eau bénite. Se laisser chapeauter d'une mitre ou d'un bonnet à clochettes. Brandir un brouillon de crosse ou de sceptre à défaut d'une marotte de bouffon. Se costumer en histrions toujours plus loufoques. Médusés, se laisser embarquer, en duo, à bord de l'un de nos radeaux. Narrenschiff d'opérette où nous leur conférions le titre de chef et sous-chef, égaux, de leur propre nef de dingos. Argonautes, l'un et l'autre, de leur noix de coco. Mis à l'eau. Largués sans recours ni rescousse. Déboussolés. Complètement loufs. En route vers le gouffre des gouffres. Assurés d'être crachés et recrachés. Dans la grande soupe.

Nous aimions beaucoup les regarder s'éloigner. Nous saluer. Crier : en avant toute ! Au gué. Au gué. Marteaulots, enluminés par la bise et l'air léger. Nous remercier presque de notre ampathie. S'en aller, sans réserves ni provisions. Se perdre. A l'horizon. Caboter puis dériver au gré des flots. S'en aller, allegro. Ou s'indigner subitement. Se rendre compte du tour que nous leur avions joué. Hurler ou coasser. Comme deux crapauds. Agiter et faire tintinnabuler leurs grelots. Ou enlever leurs chemises pour en faire un drapeau de naufragés. Nous faire de grands signaux. Simiesques. Tâcher de nous convaincre par leurs gestes. De S.O.S. De venir à leur secours. Pour refaire l'amour. Retoucher leur touche-pipi sur ce Kon-Tiki de papier mâché. Ou tampis ! Comprendre. Pas si bêtes ! Qu'il faut avoir compris. Que c'en est fini. Qu'on leur a lâché les baskets. Qu'ils ont bien affaire à des ennemis. Qu'il leur faudra s'en remettre au sort. Se tirer à la courte paille. Se charcuter le corps et les entrailles. Se dévorer le bide en un repas fratricide. Ou seul rescapé, finir quand même par mourir. Assoiffé. Ou piquant du nez à l'étambot. Du haut de ce foutu rafiot. Qui n'avait ja ja jamais navigué. Du haut de ce tableau. Copyrighté. Sur le radeau. D'Théodore Géricault.

Oh !

Oh !

Nous étions de sacrés petits salauds. De facto. Des êtres profondément malhonnêtes. Des ultras. Comme Eloa ou Consuelo. Des minois de cautèle se livrant en sous-main aux rudoiements les plus bestiaux. De professionnels du coup bas. Des marauds. Des gouspins du marasme. Des patitos du stress dans des tantouses de strass. D'ignobles petites lopettes. Ords et crottes. De vraies lopes. Complètement breneuses et malpropres à l'intérieur. Pouacres jusqu'au cul-de-basse-fosse du cœur. Des êtres doubles faces et des matheux de la cruauté vacharde.

Quasi d'extrême droite !

TROISIÈME PARTIE

1.

Des fascistes! Des ceci ou des cela! Qu'importât! Nous étions à cent pas des enjeux politiques. A cent lieues de toutes luttes de classes, bonnes ou mauvaises. Sereinement à l'aise dans nos fantasmes d'usurpation honorifique ou d'affiliation mécaniste aux plus accablants petits métiers des populaces. Capables d'être prytanes ou épulons, porions, puisardiers ou hoplites de nos auto-convocations les plus anachroniques. Capables de nous déclarer caciques, bras droits, serdeaux ou sous-fifres d'un cow-boy Roi Arthur cacographe. Portant toutes les figures autodidactes surgies d'un gros Gaffiot ou d'un Mallet-Isaac pour badernes. Tous les noms. La crème et le dessous du caquelon. Toutes les appellations de rinçures généalogiques et de nobliaux cacochymes issues de l'antiquité ou des récits épiques médiévaux. Pour susciter les liaisons les plus incongrûment transhistoriques. Favoriser les brassages les plus rances. Les mélanges d'apparats potentiaires et des plus bas désœuvrements roturiers. Les croisements de lices entre hauts grades et vicelardes servilités. Les métissages de races et conditions antagonistes. Pour provoquer les plus immondes et beaux chassés-croisés lubriques, d'un énorme lexique à l'approximative orthographe. Pour mêler sans discontinuer les plus beaux corps princiers aux plus éthyliques voix de mêlé-casse brisées. Pour nous entre-maquereller. Dans notre bouge mal famé. Notre bordel. Magnifique.

2.

Notre bordel était splendide, en effet !

Magnifique !

Magnifique !

Nous l'avions pourtant conçu, pour d'évidentes raisons matérielles et techniques, sur le modèle convenant des stéréotypes les plus courus. Crasseux. Miteux. Mais attractif. Tape-à-l'œil. Voire même grande gueule. Avec des rôles dévolus à des eunuques purs, faussement moustachus et parfaitement durs de la feuille. Obséquieux. Discrets mais dissuasifs. Muets et circonspects. Avec de faux muscles de bidets. Avec des odalisques également. Évidemment ! Pulpeuses, serveuses de bière tiède, de jus d'anis ou de picrate amer. Des travestis aussi. Tout sucre et tout vinaigre. Faisant l'ange pour mieux faire la bête. Des ex-monarques amènes avachis sur des moires de sofas ou de divans. D'autocars. Soi-disant d'ottoman. Des soldats. De tous rangs. Tout âge, temps et continent. Des servants et desservants docilisés. Des tauliers blonds et bataves. Des sbires de bar et des hétaïres garçons. Des esclaves élevés dans les cages dorées de nos prisons. Des esclaves de notre propre élevage. De notre propre agence de production.

Nous y avions des chambres. Très belles. Des chambres de bordel faites de blancs et très conventionnels voiles de neige éternelle. Des cagnards d'encoignures professionnelles. Des boîtes de poudre de riz rare et chic. Des hamacs de clématite sèche. Des vasques pour les frottis de talc. Des sticks pour les plis d'inguis ou les suintis d'après usage. Tout un bazar. Un souk à foutre fait d'images de cinéma e.n.a. De reliquats made in Hollywood pour harems. Des drageoirs pour les en-cas de bouffe. Des dînettes de noisettes fraîches. Des raffermissants pour nos verges. Des désinfectants. Des accessoires reconstituants. Des cuvettes et des kleenex végétaux. Des commodités pour les toilettes. Des doubles w.c. à seaux. Du spray. Des denrées revitalisantes et des confiseries à base de pruneaux. Déconstipantes.

De très grande importance !

Nous y avions toute une série d'antichambres labyrinthiques. Des antichambres de massage. Des antichambres épilatoires. De frictions lascives, de prémasturbation et même des antichambres d'interrogatoires. Aussi incroyable qu'il paraisse, nous avions, en effet, des raclettes. Des condés. Un bordel, comme qui dirait, expressément fliqué. Encadré. Pour filtrer. Ne dédouaner et n'avaliser de bonhomme que détenteur d'un bon mauvais curicouillum vitae. Le réceptionner alors. Quel que soit son pedigree. Pourvu qu'il ait du foutre et du blé. Quel que soit l'état plus ou moins avancé de son corps affligé. Accablé. Ou le coup du sort dont il devait obligatoirement avoir été frappé. Pour l'écouter nous confier ses malheurs. Ses maladies. Ou laisser son cœur rempli de mélancolie s'épancher. Pour jeter le bienfait et ne garder que le meilleur de ses infamies. Le meilleur du plus mauvais !

Nous avions des gardiens de notre paix. Des c.r.s. de nos sexes. Des contrôleurs de pièces d'identité, et des détecteurs, à vue de nez, de bons va-nu-pieds. Des arpenteurs d'ambes et des mesureurs de nonchalance. Des tâteurs de libidos. Comme pour les bestiaux. Des inspecteurs de nos garnis. Des garnos. Des géomètres de pectoraux. Des palpeurs d'axis. D'ondoiement et du premier duvet ombrant le pubis. Des athlètes. Très sportifs. Pour matraquer. Vachement. Des ascètes. Objectifs. Pour faire respecter un certain règlement.

Nous aimions un certain ordre régnant. Ambiant. Un ordre auquel, par ailleurs, nous restions d'irréductibles opposants. Un ordre factuel. De choc. Y compris pour le port des vêtements que nous n'admettions qu'à l'état de défroques. Ou de faux clinquants. Comme les lamés de serrement. Ou les joyaux d'argent. Fût-il grossier. Surtout d'argent. Tant convoité. Devenu, sans équivoque, notre unique arrière-pensée. Notre âme damnée. D'Asmodée. L'argent si sacré. Compté et recompté. Pour subsister l'hiver venu. En vue de perdurer. Pour nous sauvegarder. Prémunir nos liens d'autarcie et d'inocuité. Sécuriser nos vies. Sans devoir redevenir écoliers. Ou fils d'une famille. Pourrie ! Pour demeurer libres de notre libre fantaisie. Nous coudoyer, flegmatiques comme des glaçons, ou frétillons, devenir de fricatifs pigeons. Nous baiser, nous tourner le cul ou nous tirer dessus. Être des merdaillons. De faux frères et des pattes pelus. Nous boire ou être bus. Jusqu'à la lie.

Nous aimions nous ménager ce minimum de garantie. De pognon. Pour notre survie. Être des muguets empressés, des peigne-cul ou les vide-gousset de nos petits copains plus niais. Être leurs mirliquets et leurs muscadins. Nous nipper et nous calamistrer quand bien nous sentions si mauvais. Égriller. Pour suborner et sabouler. Tramer dans l'ombre et la plus noire obscurité. Passer des foucades les plus furibondes aux dérobades les plus dilatoires. Gruger. Toujours gruger. Profiter du bien mal acquis. Resquiller. Voler. Y inclus notre propre argent. Pris, indu ou gagné avec notre cul. Choisir le camp de la versalité. Du friselis louvoyant. Choisir l'outrecuidance papelarde. L'opportunité variée. L'exit Fracasse ou le come-back comédien. Dans la plus pure mobilité roublarde des chérubins.

Lucifériens.

Nous étions très futés. Très malins. Nous avions, du reste, conçu ce dernier temple pour nos malins plaisirs comme plaisir suprême du Malin. A même, sans devoir lever une armée d'architectes balourds, de transformer en lits d'amour des sièges d'épaves automobiles. A même de réaliser un caillebotis gracile pour camoufler d'indécrottables fientes de chauves-souris. Capables de modifier en claustrat, un ex-tapis de coco jeté sur le guano d'une compagnie d'oiseaux de nuit. Capables de nous démerder, c'est le cas de le dire. Capables de concevoir, à partir d'un lattis ou d'un miroir de vieux meuble vis-à-vis, un effet de prolongement vers l'infini. Un agrandissement de notre souterrain réduit. Capables d'auto-décréter notre antre, un vrai rubis. Un petit bijou. Des Mille et Une Nuits.

Nous aimions y passer aux actes effectifs, proscrits. Entre amis. Chouchous ou ennemis. Aviser comme au début des spectacles. Racoler. Tapiner. Nous empresser auprès de nos hôtes. Les congratuler pour la tenue de leur maison close. Grandiose. Ou selon que nous jouions le rôle de tenanciers, prier nos clients de venir admirer nos lieux adonisants. Admirer nos alcôves d'amour aménagées dans les niches d'érosion naturelle de notre hôtel de débauche. Admirer nos fontaines phalliques dégouttant du plafond de nos cavernes. Nos belles fontaines de sperme pareil aux eaux des roches. Admirer nos loges de luxure en forme de gâteaux d'abeilles. Nos apicoles loggias en capiton gaufré. Nos geôles confidentielles pratiquées dans nos galeries d'Ali-Caca. Nos panoplies de fouets épinglés sur des tôles d'acier. Nos tables de torture en formica. Nos posters de sauna, pour représenter, grandeur nature, les prises d'entrelacs, les plus crûment étalées. Ou pour revendiquer notre indivise unité de Camarade-Sûtra. Pour continuer l'unique combat que nous menions. La concussion. Le copulat.

Nous n'étions cependant que des enfants du sous-prolétariat agricole wallon. N'ayant d'autres représentations d'une maison de débauche que celles qui naissaient dans nos têtes chaudes et folles. Ou d'un savoir censuré par l'église, l'école, la famille ou les loisirs du cinéma. Nous apprenions sur le tas. Au départ des mots sexuels et brutaux de notre patois. Des mots très plats. Triviaux. Qui marquaient notre cervelle et lardaient, à coup d'opinel, notre cerveau. De jeunes ruraux.

L'arbitraire des mots nous grimpait au ciboulot. Nous nous y adonnions à la prostitution la plus shuppo. Totalement libre-arbitre. Passant allègrement de la bite frénétique d'un suzerain décati à la langue salace d'un pauvre type encroûté de psoriasis. Tantôt exploiteurs ou tantôt exploités de notre maison de passe. Ne refusant aucune liaison de principe. Passant allègrement des masses et peuples besogneurs aux élites feignasses, le cul dans le beurre, jusqu'au coccyx. Valsant d'un patrice esclavagiste au règne d'un pharaon, amateur avoué d'enfançons. D'une corporation de marchands hollandais aux fils d'un président français. Coquets. Androgynes ou triboulets. Assurant toutes les dérives et leurs ressurgissements. Les plus infamants. Chargeant des appariteurs de nous annoncer comme vergobrets bretteurs. Grands vizirs ou régents. Valis. Marghraves. Baillis ou lanceurs de dés slaves. Francs-tireurs ou confédérés. Frondeurs décadents. Dissidents ci-devant. Aspirants merlans ou archimandrites. Extra-italiques. Bouifs. Oisifs ou luperques. Hiérogrammates ou héliastes. Scolastes d'un herzog. Arvals ou vélites. Augustals polyglottes. Popes. Papes. Oplomates navrés ou soufistes. Tous, très sexuellement, obsédés!

Nous étions des artistes de la déclinaison mnémotechnique. Des poètes très imaginatifs. Nous consultions des listes de vieux livres ou d'imageries. De rêveries. De coutumes et de costumes. D'hommes galants. De hiérarchies. De galons d'infanterie ou de cavalerie, de tous les régiments. Des listes exhaustives que nous apprenions par cœur et par classement. Pour être les meilleurs des nomenclateurs et des compilateurs. Les meilleurs des menteurs et des inventeurs.

De véritables créateurs de mauvais génie !

Nous en faisions toute notre vie. Nous étions les deux bouts d'un seul jet de foutre passant outre de toute histoire entendue en termes de chronologie. Proxènes de notre sperme et brenns de notre bran. Marabouts et rufians. Varlets. Icoglans et damarets ou damoiseaux d'un prestolet. Talapoins ou dépendants d'un esquire. Triumvirs ou purotins défrocards. Matassins ou rhingraves. Mozaïstes. Eubages. Sophistes ou Cent-Suisse ringards. Sans suite. Sans autre logique que pornographique.

Nous étions réservistes ou vétérans devenus latifundistes. Capitans. Euduques. Estafiers. Pâtres impliqués ou piquiers enchanteurs. Testateurs ou sous-verges. Adeptes béjaunes ou evzones baisés par leurs Grecs dans leur zone à minettes. Gendelettres ou manipulateurs de gégène. Leuques. Pleutres. Ou pertuisaniers. Fieffés. Goumiers. Feudataires. Faussaires ou gonfaloniers rangeant sous leurs bannières tout ce qui rime en « ère ». Leaders ou subalternes. Mécènes ou mercenaires lanlaire. Hastaires troués ou magisters retapés. Pater familias. Sorciers ou minnessingers d'arrière-Palace. Lutteurs de pancrace ou stadhouders. Aquaraires. Focaires. Boucs-émissaires. Factionnaires. Pamphlétaires ou folliculaires. Tous les mots qui vont de pairs à serfs. Tous les mots surnuméraires. Plagiaires ou lacunaires. Tous les mots d'un dictionnaire dicté par les seules nécessités de notre irréversible analité. Tous les modèles et les plus veules copies. Tous les mots qui foraient dans notre corps avide.

Nous étions liges. Lâches ou lords callipyges. Lapicides ou saronides. Canéphores. Lampadophores. Milords ou oïnophores. Juniors. Mentors ou impresarios. Nous aimions tous les mots. Bas ou hauts. Nous aimions nous dire turcos. Tyrans. Prévots ou cotereaux. Ou convertir nos bobos onastiques en maladies endémiques ou prurits contagieux de la peau. Nous dire hidalgos scrofuleux. Hispanisants. Desdichados ravagés de vérole. Simples maîtres d'école ou gardiens de pourceaux. Ou d'oies. Stropiats ou prélats. N'importe quoi. Fellhas. Légats. Padishahs. Francs-Bourgeois. Vice-Rois. Magnats. Mollhas ou magistrats salonnards. Sirdars ou sous-traitants. Plaignants. Reis ou sacrilèges. Suffrageants. Notables ou ladres. Nases et gruyers. Mulâtres. Muletiers. Mozarabes. Mystagogues. Alcades. Croyants. Croisés. Despotes éclairés. Podestats. Rajahs ou infidèles interrois. Ou n'importe lequel des laquais les plus lèche-cul. Pourvu qu'il portât un titre qui fasse effet. Tiercelet ou premier garde-buffet venu. Tout le chapelet chié. La plus noire des entérites verbales assurées. Une colossale mémoire de mythomane enfin retrouvée. Comme l'éternité. Tout pouvait y passer. Tous les marcheurs que nous voyions, annuellement, marcher. Au pas cadencé. A la Saint-Éloi d'été ou à la Saint-Ogier. Voltigeurs. Sapeurs. Tirailleurs ou sous-préfets aux champs, tricornés. Congolais. Zolos. Zouaves ou grenadiers. Noirs carabouillats et grognards du dernier carré. Tous les noms relevés aux pieds ou aux talons de nos soldats de plomb. Preneurs de poses que nous étions. Garçons malades de garçons. De copulation. Dans l'absolu des imaginations.

De fragiles pupazzos que nous étions, nous sentions nos sexes se tendre au plus haut de leur apex. Nos anus s'élargir au maximum de l'occurrente circonférence de nos fesses. Dominus infernae vobiscum : disions-nous ! Que le Seigneur des Enfers soit avec vous ! Disions-nous à nos clients lorsqu'ils avaient déchargé dans la rosette de notre fondement. Pris notre fruit défendu. Pondu du beurre dans notre cul. Régalez-nous de présents. De galettes, de graisse et d'argent. Bien entendu. Sonnant. Nous ravissant les tympans. Régalez-nous d'argent caracolant. Didizes ou pièces de dix francs. Déposez tous vos cadeaux sur le dôme de nos fesses. Soulevez nos roses tutus, s'il nous en reste. Faites le geste d'introduire votre dû dans la tirelire de notre cul. D'introduire votre solde dans la fente bayadère de notre cul. Comme l'obole circulaire. Légendaire. Pour naviguer et tanguer en Enfer. A travers le Styx et l'Achéron. D'où nous venons lubriques et retournons ludions.

Que Charon nous protège, disions-nous ! Qu'il bénisse et baise les grandes lèvres de nos cons. De garçons. Qu'il bénisse nos charognes. Gigognes. Qu'il détecte qui nous sommes à nos indices patents. Vous les grands, régnants ou décadents, à vos phalanges imprégnées de foutre consistant. Nous, à nos ailes d'anges. Indécentes. Nous, ensemble, à notre odeur commune de sperme et de pissotière d'étang !

Nous avions le cœur dur, ferme et fier. Bien accroché. L'esprit ouvert. Assez. Pour poursuivre de mentir et meurtrir de manière éhontée. Assez pour nous voir déjà passés de l'autre côté. Du côté des trépassés. Assez pour triompher. Nous faire identifier à nos ailes d'éder râpées. Attachées entre nos omoplates par une vulgaire agrafe de soutien-gorge fripé. Assez d'imaginaire pour faire donner les grandes orgues verbales. Cathédrales ou limonaires, populaires. Assez pour plier à notre botte, le molosse de garde. Boxer, Cerbère, Groenendael ou Boule-Dogue. Les sommer de s'écraser comme une crotte. Gnognote. Abréger de clabauder. Nous laisser, impérial, défiler.

Impériaux, nous en aller vers le tribunal ou tribunaux du Jugement Dernier. Pour y déballer tous nos péchés. Les plus capitaux. Les plus avoués. Assez pour déclarer : nous avons beaucoup aimé !

Nous avons beaucoup aimé les plus déshérités. Vos bergers. Désœuvrés. Sans terre. Nous les avons baisés dans leur chair. Baisé vos bergers sans troupeau et bergé vos baisers, c'est la même libido. Nous avons aimé dix ou vingt mastelots. Nous les avons violés aux bords de nos eaux. Nous les avons même assassinés mais combien aimés. Combien aimé d'amour love leur corps enrubanné dans les oves et les rinceaux de nos pénils plafonniers ! Combien serré leur membre viril entre nos guirlandes de pierre, nos crinières de franges et de floconnements crayeux ! Combien étouffé, tordu et confondu, nos bouches et nos yeux dans les courbes et autres sinuosités de nos drapés calcaires ! Partagé nos couches et nos berceaux d'entournements bombés ! Aimé leurs lèvres de michés dans les lieux les plus rococos de nos foutoirs débondés !

Nous avons aimé les gueux, les clodos et les pauvres hères. Aimé en eux tout ce qu'il y a de vil, de chaleureux et de fielleux, dans l'humanité. Aimé le charretier haineux, invalidé, autant que le transhumant chic, en passe de banqueroute et de faillite. Nous avons sucé leurs choses et leur vit. Nous avons aimé le marqueur de gale et d'avitaminose. Le débiteur de galanteries à l'eau de rose et de broutilles locales. Aimé le caporal déserteur. Joueur. Jouteur. Tortureur. Aimé le veilleur. Vétilleur. Le sectionneur de testicules et le sectionnaire du parti. Aimé l'hiérodule et le cytharide affadi. Aimé le déprédateur de puits et le pressureur de noix sans écale. Aimé le forgeron natal. Dolichocéphale. Brandissant son bâton d'excréments. Belliqueux. Aimé ses enfants et ceux du gargotier suspicieux. Induit de préjugés. Aimé le draineur désabusé.

Le captif enveloppé dans sa capote et le patriote, dans son drapeau déchiré. Aimé le maraîcher riverain. Aimé l'artésien bardé de couteaux et coutelas rouillés. Aimé l'hémiplégique, perclus de rhumatisme et de polio, et l'amateur de poulbots. Pouilleux. Pris sur le vif. Nous avons sucé les plus riches comme les plus paumés. Nos bites n'ont cessé de faire pschiiiitt!

Il ne faut pas nous pardonner!

Nous les avons tous baisés ou tués, dans le plus strict anonymat. Exterminés de les avoir trop jugulés entre nos bras. Ne nous pardonnez pas. Non! surtout pas ça! Ne nous pardonnez surtout pas un seul instant. Ce serait cela que serait vraiment infamant!

3.

Nous ne savions des anges que ce que nous en avait appris le petit catéchisme du dimanche. Bien peu. Qu'il y en avait de bons, pieux, et de mauvais, impies, précipités dans un étang de feu. Des anges tombés dans l'avanie et la déchéance. Ceux qui passionnaient notre vie et pour lesquels nous priions. A notre façon. Des anges dont nous portions, à leur ressemblance, des ailes factices de notre confection. Des hanches que nous roulions comme de vulgaires biscotons.

Nous savions qu'ils portaient des noms qui les entre-démarquaient. Des noms en èr'. Des noms en im'. Hymne que nous entonnions, par pure dérision, sur l'air populaire des chansons en vers de mirlitons. Des chansons comme: Titine que cherche son tonton. Ou Clémentine qui avait de tous petits petons. Ou Séraphin'. Que nous enchaînions et rengainions. De tout petits nichons. Éloim'. Chaïm'. Dont nous ringardions les rustons. Trop maigrichons.

Ennemis de tout respect que nous étions!

Nous savions que les seconds. Les nôtres. N'étaient pas de bons apôtres. De bon renom. Qu'ils avaient l'apparence glauque ou schialitique des tubes de néon. Que de noirs pensers de jujube et de néant parcouraient les veines de leur front. Qu'on les désignait comme démons du mal ou dragons. Qu'un jour ou l'autre, ils finiraient très mal. Qu'ils passeraient l'arme à gauche. Qu'ils mourraient, pour de bon.

Nous nous en moquions!

4.

Le premier vendredi d'octobre, l'hiver, pourtant, vint nous cueillir au nid. Sèchement. Froidement. Nous surprendre. Surpris comme de ridicules amants de Feydeau dans une garde-robe de nuit. Nous transir. Nous provoquer l'érythème peyo et nous geler les os. Nous geler le sang sous l'épiderme, aussi. Les testicules et notre sperme chéri dans son étui. Nous laminer les mains, les mules ou les brodequins. Tout. Nos boucles d'oreilles et nos pompons rouges de marins sur nos bouches vermeilles. Nos mictions. Nos appareils de communication. Ou de futition.

Tout mourut.

Nos gloires éternelles. Nos larcins de larrons et de voyous.

Nos glorioles. Nos genoux. Nos langues fourchues et de fiel. Nos dialectes de Babel. Nos culs. Nos cous. Nos étrons. Nos verges pour nous intromettre. Nos issues. Nos cercles d'intromission. Nos rêves dans notre grotte de Pluton.

Nous mourûmes avec eux, sans contrition ni miséricorde. Sans regret posthume. Sans regard d'émotion ni larmes d'amertume ou d'émonctoire. Sans mémoire de nos crimes ou de nos titres de soudards. Emérites ou braillards. Sans même nous dire un au revoir d'amants ou remplir, vite, vite, un dernier devoir érotique gratifiant ! Prisonniers de nos glaces antarctiques comme nous l'avions été de nos mythes. Magnifiquement pornographiques. Mini-mammouths congelés ou mamelouks déconfits. Ploucs pétrifiés dans leur gnouf de frimas. Bidasses. Iconoclastes et fumistes foutraques épuisés. Grésillés. Stalactites de foutre muet. Putti. Foutus. Finis. Finis. Le cul complètement gelé !

Le cul !

Le cul : anus Dei !

PUBÈRES, PUTAINS
(suite)

Nous détestions les vieillards. Geignards. Vicelards. Avares. Happe-sous. Les vieillards courbés. Les vieillardes surtout. Courbaturées sous leurs faix. Leurs hardes. Leur bouche édentée. Leurs faucilles affûtées. Vinaigrées. Leur démarche de patte châlée. Leur goût pour se planter, jambes écartées, au-dessus des égouts. Pour uriner. Debout. Tout lâcher. D'un seul coup.

Tout leur soûl !

Nous détestions leur trou, non protégé. Distrait. Leur cramouille sans braies. Leur piaulis de poules apeurées. Leur voix chevrotante. Leur tremblante fièvre. Leur fièvre borguette. Leur cabas d'emplettes, sans emplettes. Leurs repas faits de miettes de pain noir. De seigle. Le soir. Leur regard de jettatura. Leurs gestes de holà. Leurs qui-vive prestes. Revêches. Leurs invectives à l'adresse des Lolita du pays. Leurs ennemies. Leur seul souci de vindicte. De vendetta.

Nous détestions leur maisonnette. De bluette. Leur taudis de falbalas. Enclos d'un treillis. Leur potager de taupinières et pissenlits. Leur concurrence ramassière. De cueillette d'herbe tisanière ou de collectage de vidanges ménagères. Leur ramassis de boîtes de conserves. Leur stockage. Inerte. Sans hâte. Toujours prêt. Sans cesse négociable. Leur causette. Longuette. Leurs commérages. Leurs atermoiements marchands. Leurs marchandages sans lapsus. Pour un franc en sus. Un pauvre petit franc.

Puant !

Nous détestions leurs tressaillements. Leurs frissons fricatifs. Leurs sautillements de puces ou leur claudication d'hémiplégique. Leurs éphélides ou leurs rides accentuant leurs ricanements. Menaçants. Leur religion d'anciennes Jeanneton. D'anciennes truies. Quand elles étaient jeunes filles. Leur dévotion de filles. Trop faussement Filles de Marie. Leur tartuferie de gotons gravides. De vezons. Traînasses. De pétasses ramollies.

Nous détestions leurs chiens sans race. Dégueulasses. Leurs chiées de chiens errants. Recueillis par bons sentiments. Apparents. Leurs chiens sous-nourris. Hâves. Étiques. Recueillis par altruisme de façade. Par bonté d'âme, névrotique. Leurs chiens cadavériques. Se reniflant dans des cages exiguës. Se humant l'écoulement de l'anus. Les excréments du cul. Se mordillant et se léchant le sang comme des sangsues. S'enculant sans jouir. En glapissant comme d'horribles mécaniques. Made in Suisse.

Nous détestions leur affairisme. Leur militantisme de robot cahoteux. Leur activisme auprès de vingt chats teigneux. Décharnés. Leurs cris redoublés. Pour les convoquer autour d'une même pâtée. Surtrempée. Les rameuter autour d'un brouet de pommes tapées. Les agglutiner autour d'un liquide papin. Un mauvais matefaim. Un en-cas fait de pisse de roncin. Bon à nib. A rien. Nada.

Du vrai caca !

Nous détestions leur côté cuisinière cracra. Leur côté

pharmacien. Apothicaire du coin. Leur pharmacopée surie. Leur droguerie. Leur bocallerie d'écorce séchée. D'orge. Leurs potions. Leurs bonbons pour ramoner la gorge. Leurs pastilles. Leurs mille pommades. Mille emplâtres. Pour arrêter muscade. Retarder la mort. Resserrer plus tard l'éteignoir de leur cul. Mourir. Le plus tard possible.

Nous détestions, partout, leur parcimonie. Leur pétocherie, faisant alliance avec le passéisme, le plus conservateur. Leur doux feu intérieur s'illusionnant sur leur avenir. Leur monte-garde de vieilles pouacres. Au poste. Toujours. Au bajour de l'imposte. Leurs trotte-menu, prévoyants et têtus. Leurs provisions par accumulations. Leurs petits tas de provendes. D'épargnantes. Trouillantes et liardantes. Leur propitiations. Leurs croyances en leur durée. Leur constance. Leur pérennité. Leur immortalité. A coup d'austérité. D'abstinence obstinée.

Nous détestions les voir se pointer dans ce sens. Profiler leur silhouette. S'approcher de nos prés. Venir piétiner nos plates-bandes. Se positionner sur nos fossés. Nos berges. Nos sentes. Engraisser leurs biques à nos dépens. Tolérer à leurs biquettes de batifoler sur les bords de nos étangs. De défolier nos saulaies. Sans les gronder. Sans trique ni fessée. Sans même les chiquenauder. Poursuivre de vaquer comme si de rien n'était. Glander ou repriser des chaussettes. Ou ravauder des nippes. Départager des fleurs à thé. Se dégourdir ou engloutir, d'une traite, leur dînette. Aussi sec. Ou monologuer en ressassant leur ego. Ou égrener les grains d'os d'un chapelet de basse-messe. Ou extravaguer. Appeler Blanchette leurs caprins, en se prenant pour Madame Seguin. Ou écorcer des branches de sapin à la serpette. En faire des perches à fayots, dites stapettes. Ou récolter des baies de sureau. Ou du plantin. Comme herbe à lapins. Ou amonceler des branchettes.

Pour préparer une fascine. Un fagot de cuisine. En prime. Bien sec. Pour ne rien perdre. Toujours mettre de côté. Compter. Comptabiliser. Additionner. Thésauriser. Commencer sérieusement à nous enquiquiner.

Nous détestions, en effet, devoir nous tailler quand elles s'avoisinaient. D'un peu trop près. Au-delà des guérets. A une pissée de nos marais. Qu'elles venaient troubler. Nous déranger. Désorganiser nos projets. Fût-ce d'oisiveté. Ou d'oiseler. Nous importuner. S'installer donc comme pour pique-niquer. Ou champiller. Buissonner. Jouer à débusquer nos grives ou à désembûcher nos gibiers. Ou s'abreuver à nos sources. Grappiller nos myrtilles. Écornifler nos glanes et ressources. Y faire pacager leurs chevreaux. Ou cabrioler, elles-mêmes, comme de petites folles. Comme dans la cour d'une école. Ou sous un préau. S'emmêler les barreaux dans les fils d'un de nos projos. Pour nos bateaux. Ou dans les mailles d'un ret attrape-pouillots. Faire la cabriole. Se fracturer une malléole. Ou le col d'un fémur. Se retrouver les quatre fers en l'air dans les mûres d'un roncier. Encaissé. La guipure retroussée et la chattière en passe-col. Comme pour passer, jadis, à la casserole. Au champi. Au coït agricole!

Nous aimions beaucoup assister à leur vol plané. Improvisé. Les voir désassiettées. S'écraser comme des manches à balais. Se ramasser un gadin. De roquentin. Un billet de parterre pour roquentines trop primesautières. Une pelle de vieille Mary Poppins finissant les miches dans les épines. En épave de vieux tacot. Effectuant, sans brio, un double tonneau de trampoline. Ou un largage de vachers. Comme dans les films de rodéos. West and zozos!

Nous aimions beaucoup commenter, tout haut, ces images de chutes peu cavalières. Ou rester indifférents. Comme ce personnage de Watteau. Incognito derrière nos clignettes. Laisser tourner pendules et chronomètres. Ne donner suite à aucune alerte. Jouir de ne pas intervenir. De nous tenir cois. Sans les secourir. Jouir de les entendre pourtant souffrir. Boire le calice jusqu'à la lie. Crisser ou rudoyer. Crailler comme des corbillats. Grincer ou rognonner. Sans sourciller. Sans nous laisser fléchir. Leur battre froid. Demeurer de marbre. Jouir d'entendre, tout à trac, leurs remarques sur la vie. L'ataraxie des populaces. Des masses. De glace. Sur l'univers et le monde, patibulaires. Le trépas. L'hostilité géronte. Écumer de rage ou de honte. Vider leur abscès. Clabauder. Tempêter ou héler des voyageurs égarés. Muser miserere ou se taire. Psalmodier leur dernière prière. Se soumettre. Serrer des fesses ou promettre, à l'emporte-pièce, de dresser un édicule à la Vierge. Une nichette. Une potale. Ou cent fleurs et leurs pétales. Dix autels. Un culte éternel au Rédempteur. Se sentir des ailes de cautèles. Dorer la pilule à l'Ange Gabriel. Promettre monts et merveilles. Ne pas lésiner sur les étrennes verbales. Les cadeaux natals. Les gâteries des Rois. Tous les empires qu'on souhaitera, pour un simple bourricot. Un plateau de charroi. Un timon. Un rododo de charrette à cochons. Toutes les gratifications. Tous les legs. Toutes les remises de dettes. Toutes leurs économies destinées aux fabriques d'Église. Toutes leurs chimériques rivières de diamants. Tous leurs titres de placements. Toutes leurs valeurs boursières. Toute leur picaillonnerie. Pourvu qu'on leur sauvât, sur l'heure, la Vie!

Nous aimions alors sortir de notre clandestinité de voyeurs. Nous présenter comme des guides ou des louveteaux. Ou des gens du patro. Comme des loupiots. Cathos. Retour de jeux de pistes. Interloqués de constater le terrain d'immondices aux mains de quelques chevrotins. En train de se cosser. Ou de bêler. Au crépuscule. Dressés sur l'éminence d'un monticule. Inquiets, comme des purotins, de ce qu'il s'est passé. De qui se plaint. Là. Plus loin.

Au fond d'un ravin. Faisant les étonnés. Cherchant à rasséréner. Déclarer que c'est la fin du cauchemar. Que nous sommes arrivés. A point nommé. Comme des saint-bernard. Ou des saints tout court. Par l'amour du prochain. Dieu soit sanctifié qui nous le rendra bien, un jour. Ne bougez surtout pas d'un pouce. Nous arrivons, sans détour, à la rescousse. Nous arrivons sur le lieu du scratch. Avec nos havresacs de samaritains médicaux. Nous arrivons comme des médecins et des paracommandos. Go! Hello! Crac! Coucou! Nous voilou! Damned, Mamadou! Vous vous êtes salement cassé la binette! Vous êtes, vraiment, malchanced. C'est à la cheville, grand-mamie? Combien avez-vous d'esquilles? Au tibia? Nous ne voyons rien à cause de vos bas! Au genou? Nous allons vous reconduire chez vous! Où habitez-vous?

Nous aimions beaucoup exécuter cet hypocrite numéro de nounou. Pour nounous. Casse-cou. Opérer ce pressing interrogatif de demandes. Visiblement trop prévenantes. Nous placer du côté du manche. Pour mieux emmancher. Entourlouper. Pour inspirer confiance. Évidente. Paraître tout miel et tout affect. Corrects. Sembler être leur bâton de vieillesse. Chattemiter autour de leur pirouette. Leur faux pas. En fait! leurs entrechats et galipettes de vieille chouette. En remettre. Rajouter. Promettre, pour les sortir de là, de construire une espèce d'oiseau. Comme en usent les maçons. Une litière à la fortune du pot. Une brouette. A la bonne franquette. Un berceau fait d'étançons. Un hissa-ho pour vieux tableaux. Un remonte-rombières. Un treuil. Pour aïeuls. Un ascenseur. Sans cœur.

Pour l'échafaud!

Nous aimions beaucoup retourner nos paletots. Nos vestes. Flatteurs champêtres, vivre au dépens d'autrui. Sur leur dos. Y planter nos couteaux. Nous afficher courtois, comme des hobereaux. Bons. Civils. Sociables. Dévoués. Agréables. Paraître à notre avantage. Remplis d'aménité. D'urbanité. Les entendre, déférentes, nous louanger. Nous congratuler. Nous accoler. Porter aux nues notre soutien inespéré. Nous encenser. Nous triturer ou tapoter les mains. Nous enseigner, sans défiance, le chemin de leurs pénates. Nous révéler la cache de leur clef. Pour décheviller et pénétrer dans leur demeure. Précédé d'une estafette de voleurs. Qui furètent dans le foin. Les coussins et les calepins. Qui n'alertent aucun voisin, ni toubib, contrairement à toutes les promesses. Qui préparent le terrain. Raclent les tiroirs. D'escobars. Assoupissent les chiens. Les abrutissent de lard ranci. Ou de quelque chose de cet acabit. Précédé de complices. Qui rétablissent le courant électrique. Pour faire accroire. Comme tous les soirs. Qu'on se tient, en public réduit, assis autour du poêle Godin. Crapaud. D'appoint. Qui servira de brasero.

Nous aimions beaucoup y allonger notre virago. En surchauffer le foyer, de rondins. De bouleau. Le suralimenter. Faire filer aux arsins, un train d'enfer. Ronfler la cuve du fourneau. La pousser à bout, au point de déclamer, en plein mois d'août, les vers de mirliton poussés par Néron soi-même. Voir ses pelotons de laine, enguirlandés, se mettre à brasiller. L'incendie se déclarer. Les premières flammèches, circonvenir sa couche grabataire. Lécher son plaid. Se transformer en fournaise. Emporter charentaises, literie et animalerie, dans le brasier. La chambre à coucher et les resserres, se consumer, calcinées. Pluton, fâché, péter du rectum. Entrer sur des charbons ardents, armé de dix brandons. Flamboyants. Réduire en cendre, la vieille bobonne, cloîtrée. Asphyxiée. Convoquer ses restes vulcanisés, dans le Pandémonium. Les y caser, parmi les réprouvés. Condamnés aux éternels labeurs des damnés. Nous féliciter. Nous citer en exemple. Nous laurer de fange, de fiel et de circonstancielle bonté, dans cette chaleur, dévoyée. Nous promulguer, au rang choyé, d'anges exterminateurs.

STABAT MATER

Pour le Prig',
pour son Imagimère *et* pour l'amour d'un porc,
pour tout, y compris pour-pour !
Pour vingt années d'aventures communes dans la langue.

1. ALCHTIMIE DU VERBE

Rimbaud, le premier, a vu *cela: l'Autre est un porc. Et «JE» a charge, outre de l'humanité, des «animaux».*
Les fleurs (de rhétorique) poussent sur des tombeaux.
L'«horriblement fadasse poésie subjective» est toujours l'épitaphe d'un corps tué.
Et pour sortir de l'humanisme thanatographique du «style» il faut faire langue avec:

1. de la bêtise: *«refrains idiots, rythmes naïfs»*
2. de l'animalité: *«Je veux être une bête, un nègre»*

Rimbaud le fait. Sans nihilisme iconoclaste. Il le fait pour incarner ça dans du sens *et pour l'incorporer à la «culture», en avant, comme «multiplicateur de progrès».*

(Christian Prigent. *Pour l'amour d'un porc* in *Rimbaud à neuf.* Revue des Sciences Humaines de l'Université de Lille III. Tome LXIV - n° 193 - janvier/mars 1984)

Dans c'tt' Al-chtimi-e, y a d'abord, et avant tout, la référence à mon chtimi-oualon, à ma langue vernaculaire, à mon Vernaculairheggen de fond et à toute une kyrielle et autres sons — allez les sons ! Ailés les sons ! — de horions, de piques et de fions, et qui commencent, tous, au trou qui n'sent pas bon !
Oui ! Au trou, la langue, dit-on. Au trou et troufignon de viande, de vide et de vidange. Au trou à charbon, la langue chargée de toutes ces *Remembrances* d'enfant *idiot.* Au gnouf à cochons (— où l'on parque, glande et amèdrouille, les porcs appelés gnouf-gnouf en enfantin wallon —). Oui ! Aux rangs et antres de ces porcs et truies que, morpion, j'imaginais gravides d'être gras et patapoufs gros cracra. Aux cent ferfoutres et quatre cents diables, ces grognements de souc. Au pourri. Au purin, aux intestins. A la pestilence bubonique et aux enfers, ces borborygmes porcins, sosies de Martiens. Au trou-caca, tous ces cris-là. Au clou et au nada. Au néant, ce nadir de boue et de boyats. Au trou d'effroi, d'exécration et d'épou*ventre.* Oui ! Au ventre d'où n'en être jamais — Dieu soit loué et la Vierge bénie ! — nidoreux né ni nauséeux sorti. Voilà ! le texte qui suit ne dit, strictement, et violemment, rien d'autre : dès les premiers mots que j'ai commencé à tracer (— sur le côté, comme on fait un

champi, oui! en faisant, très tôt, des enfants dans le dos à mes cahiers d'écolier; en tirant la langue sous le manteau ou le tablier conchié d'encre; en ratchîtchîsant gribouille ou grimaçant grimaud —) et surtout, plus tard, dès les premiers textes que j'ai publiés, j'ai tellement — et si caustiquement! — eu la cervelle et les oreilles rebattues par ce type de litanie, d'anathèmes bestiaux ou d'obsécrations catastrophées, que j'en suis, en fin de compte, tombé, coup-de-foudré, pâmoisonné: amoureux.

Oui! amoureux, amant de cet immonde porc d'écriture que j'ai toujours vu et entendu, désigner ou pointer, en moi, dans ma-mienne.

Je me suis donc aimé porc, auto-proclamé et auto-adoré porc, comme un porc, et me suis, en conséquence, naturellement, et vivement, intéressé à mon existence de *Pource* — comme on le désignait jadis (et naguère!) — et, plus avant, à mon existence de pré-Pource, et de tout *Petit-Pourcet,* foutu par un prépuce Triboulet, à ma vie utérine de suidé (— de suidé, sui generis, de cette Société-ci, comme l'écrivait le Mômo-Vert-de-Gris, envoyé sur les roses de ce même fumier —). De suidé coché dans un trou à cochonne, puis, à ma mise bas d'indécrottable congénère et d'irréversible élève et compagnon ulysséen de cet animal chéri. Refusant de devenir humain, pour demeurer, disons, grosso modo: homéro-joycien. Autant dire, aux yeux du plus grand nombre: idiot, parfaitement béotien.

Rimbaud, bien sûr, parle de cet amour honteux mais combien gratifiant. Rimbaud qui, par ailleurs, c'est clair, pour écrire sa célèbre *Alchimie,* jette, souvent, un œil, enflammé et insistant, sur une Bible en rut ou sur un recueil complet d'offices divins, d'antiennes, d'arias de grand-messes d'arrière-Ardennes et d'amen à ces dimanches de mouflets où, *Petits Pourcets rêveurs,* on s'emmerde ferme. C'est le *latin d'église* à lire comme un de ces *livres érotiques sans orthographe,* en claquant, jouissivement,

des i, et des a, et des hue du cul, et des oh, oh, haro, et hue bidet, auria dei, câni, câni, vînoz, vînoz, verrats, vèraus.
C'est, d'entrée de jeu sonore, une piste importante, il me semble (— et qui vaut, pareillement, pour la béance des bouches apiculaires auxquelles on fait reproche de trop l'ouvrir — et trop large, leur noire et grande gueule brûlée, et trop graillonnement grasseyante ! — au point qu'on y aperçoit, moque-t-on, le fond du fondement de leur petite culotte, le fond du fond de leur pagna et du panier : leur cache-misère —) et qui se vérifie, passim, y compris à lecture véloce, et a fortiori, qui s'entend, à haute voix, rythmée, aiguisée ou rauquée.
Comme d'y aller voir soi-même, dans l'albumen ou bumine, ou bout d'mime *Zutique* de nos amnèses amniotiques — c'est dit ! c'est dit ! — et c'en est une seconde d'indication, et de taille ! sur la naissance et prime enfance du monstre, sur son goût des parodies scabreuses et sur ses auscultations intimes, au cours desquelles il se découvre, bout d'homme — *Hombres !* — entre spéculum et scrotum, bardé d'un tube extra et d'un autre, intra (et extra, lui aussi !). L'un, d'âne, sanglant et forniquant, et l'autre par *où descend la céleste praline* du chocolat *Stupra.* Marqué par ce double revers, Rimbaud note cela — texto ! — non seulement, en enfançon des frontières dialectales de son pays, mais également, en parfait défaitiste linguistique. En tombant, continuellement, de : J'arrive ! J'arrive en celui-là. De ce Chanaan d'mes fesses en un carnavalesque charivari permanent.
Ce Rimbaud-là existe, marqué au front et caché en appendice, marqué au coin de la bête.
Ceci pour les sources, si j'ose dire (— Pour les roboratives ressources autant que pour les ressucées analytiques ou poétiques ! —) et pour mon point de vue, de départ. En fait, une lecture contemporaine, du genre supposé des lectures « mouillées » qu'a pu — ou dû, I presume ! — avoir Arthur Rimbaud pour produire, en son temps, ses admira-

bles *conneries* et autres *rinçures.*
Des livres de voyures — plus que de voyant, sûrement! — de dévoiements et de littératures entre *le sonnet des voyelles* et celui du *trou du cul.* Ajoutons-y les nôtres, de trous: nos trous de *Mèremoire.* L'urs (zène) et coutumes des secrets d'Polichinelle dans l'tiroir — et les tréfonds d'terroir! La gêne pour évoquer la scène primitive des Petits Soirs de nos géniteurs. Le sevrage entre l'allailuia des cloches à sperme et l'alaitheia des fleuves d'oubli du flux de sang menstruel. Le servage, enfin, comme un laitmotiv et l'assujettissement obsessionnel à cette «réalité» d'une Imma*Coulée* Contraception ratée, manquée, dépassée outre, complètement capotée, et qui nous inondant de foutre, nous livre tout-un-chacun, un jour, à la malédiction de devoir naître — Oui! le devoir au naître de ce terrible brouillon de cochoncetés parentales — la venue au monde, la naissance: la malédiction des malédictions.
Mais suffit! tout serait à relire, au millimètre, auditif et visuel, du début de la très fameuse *Alchimie du verbe* (— de la mal et diction à la nésens, etc. —). A la lettre du voyou près. Dans une priorité absolue qui nous ramènerait toujours à la langue et au trou qui pue, et d'où elle pend, sacrément bien pendue.
Et à la curée. Et à l'hallali. A l'*hallalilalangue* comme à ces roucoulements, liturgiques et chantés, de curés. Oui! à ces cantiques hurlés, et qui sont de l'ordre du registre des douloureux curetages, de gynécologie ou d'os infectés de purulence avide.
Entre l'idiotie animale et l'incantation magique. Entre la souffrance bavarde, la cruauté pieuse et l'aménité, désarmante ou déficiente.
Tout est là: dans la motilité et qui fait — mais c'est, précisément, ce qui fait «style»! — que si ce bébé-obscène-de-texte ne bouge pas d'un iota, la langue ne va pas, non plus, engendrer quoi que ce soit, ni se déplacer, pour le couvrir de sa crampe d'amour, comme une bête

lècheuse, ou l'annuler, comme un vulgaire morceau de merde sèche.

Alors ?

Grouille donc le sac à puces de tes petons d'moignons, eh bébé-obscène-de-texte, au lieu de rester, coincé, comme un restant de touche, dans le trou crayeux de ta gonzesse ou déesse, Reine-d'un jour, Reine-Toujours. Au lieu de rester coi, entre le centre de sa cible lippue et le cœur négus de la gloire mandorlée que nimbe son gros cul charnu, mafflu et gonflé à mac. Au lieu de rester, bloqué et a quia, entre ses miches et sa moniche, si tu préfères. Calé dans ce cokepit de bidoche et, tantôt hilare dans ta guitoune à guiliguilis, tantôt fou de peur sous la tente à oxygène dingo de cette camera obscura.

Allez ! magne-toi, sinon tu risques d'être transformé en boulet poids-mort de giboulée glacée ou métamorphosé en lépidoptère ballot — en gros sphinx à tête de mort ou en bombyx bûbûle et qui, tout au plus, viendrait, obstinément, cogner des fontanelles défoncées contre les parois nocturnes de ta mémoire antédiluvienne, profondément enfuie ! — tu comprends, bébé-obscène-de-texte, tu risques gros, tu risques une grosse tête de bébé ravagé, animée d'un perpétuel et balourd mouvement charlie brownien. Tu risques l'incessante plaisanterie et la mort — la mort née !

Et de t'emmouscailler le sabir monologueur dans cette énorme citerne maternelle de sénevé. Et de fondre dans cette grande bouche d'ombre comme du sucre de macchabée. D'y cacafouiller. De patauger dans le miconium « jaunasse » de cette Mobèse Dick et Dikke Tèttes de grosse baleine grognasse. De t'y planter et de n'en jamais plus pouvoir sortir.

D'autre part, tu comprends, bébé, à vouloir l'éviter, à tout prix, cette sortie obligée, tu risques de léviter toute ta vie, comme un derviche, et vis sans fin, tournant, court et sot, sur toi-même, ou de soliloquer, sans écho, comme un

yodeleur-tètèts-tètèts-tètèts-tètèts-tètèts-tètèts-tètèts : tètèrolien !
Si c'est pour régresser, d'orifice en orifice, que ce soit, crémacache et nom d'un chien, pour « progresser » ensuite, en *multiplicateur de progrès !*
Si c'est pour rentrer dans le ventre, et de métaphore en *mèretaphore,* t'y ré-in-*ventrer,* que ce soit pour inventer de la langue sans cesse renaissante !
Oh ! pas n'importe quelle langue, je sais ! Et c'est là, l'enjeu — et d'une connaissance ! De la langue de langues babelisantes. De la langue allant du cri primal, le plus huis clos, au satori de satori polyphonique. Et d'extase en extase, jusqu'à l'extase-sœur !
Ta sœur ! Ta sœur ! Quoi ma sœur ? On connaît : elle a ton portrait entre ses jambes ou elle bat l'beurre, et quand elle battra la merde, tu lécheras l'bâton !
Oui ! ma-sœur-la-langue, elle t'emmerde ! Elle parle beur et bout d'zan de la troisième génération Tarzan !
Oui ! ma-sœur-la-langue, elle est faite d'argonji, de babouillis et tambouillis bamboulas, de langues rouges cervelas et des plus calamiteux lapsi. Elle est faite de contre-litanies — d'introïbo au coït et d'ora *porno* nobis ! — de chansons biloutes et louloutes, de nursery rhymes d'Entre-Jambe-et-Meuse et de comptines de mon pays, salopes ou sauvages comme celle-ci :

1 clou
1 coup
1 cloutier sans bégayer !

1 cloutier
qui cloue
400 clous
sans bégayer
c'est
1 cloutier

qui cloue
volontiers !

1 clou
1 coup

1 cloutier sans bégayer !

1 cloutier
qui cloue
400 clous
sans bégayer
c'est
1 cloutier
qui cloue
volontiers !...

(etc.
et x fois, à fond, en accélérant, progressivement, le rythme et la scansion, jusqu'au vertige écholalique, et selon les capacités pulmonaires du lecteur, jusqu'à épuisement — quasi — de son souffle, moment où, pour le reprendre, il inspire alors, bruyamment et anxieusement, comme en big squeeze, pour lancer l'invective par laquelle débute cette fiction de *perfor-naissance*. Oui ! c'est bien le mot : de *perfor-naissance* pour tenter de naître à et dans la langue.)

2. STABÊTE MATER!

Ange ou pource

(Arthur Rimbaud. *Les Stupras I.* «— Les anciens animaux saillissaient, même en course. Avec des glands bardés de sang et d'excrément...... —»)

Hurle, Maman, hurle.
Casse-toi les couilles de ta glotte.
Exprime-moi de toi, gluant,
                                        lipide,
                                        et suantes symphises,
                                        sucrant les fraises de tes
                                                                grandes lèvres,
maculé de ton puerpéra
                                          de secondines,
                                          de fièvres,
                                          d'exérèse
                                          et de gésines délétères,
                                                                 égrotantes
                                                                 tremblantes,

                                                                 indélivrantes!

Hurle, Maman, les pires souffrances.
Excrète-moi de toi, crade,
                                      caca d'oie de mésentère
ou variante d'iguane et de varan
sortant insane de ton bassin
comme un saurien suri
ou un boa de baragouin.

Chie-moi, en chtimi.
En chtimi et demi.
Convulsé de shimmy.
Chéri.

Chéri.
Appelle-moi : chéri.
Chéri !
Oui !
Vas-y.
Vagis !
Sexecrète-moi de toi, mi-chèvre mi-mouton,
chabin
utérin
comme on dit : chacal-lycaon !
Matrice-moi par ce mont
voisin
de ton obvers mont,
vénusien.
Matrice-moi par ton cratère purpurin
le plus obscènement
obtus.

Matrice-moi par ton cul !

Crapaude-moi bouffon,
Buffo,
lémurien,
in utero
Oui !
Bave-moi,
bougnoule bouffi et batracien goulu.
Bêle-moi, noctambule bêguiaud
et caprin,
maclote
et machin !

Oui !
Machine-moi par ton siège,
parkinsonnien,
puis perclus.
Machine-moi, marotte de ton grelot gravide.
Agite-moi, Folie
de tes propres nuits
de folies,

d'in-Famille !

Oui !
Hurle, Maman,
Mamy !
Hurle, sans fin, ma Mère !
Recommence au début de la langue.
Au débit de tes flatulences
solfatières.
Hurle !
Sois humiliée, dans la plus stricte
intimité,
de ton bas-ventre !
humiliée par ce retour
comme glamour
aux prémices.
Aux principes cliniques.
D'obstacles.
De synergie d'acrobates.
D'obstétriques de primates.
Oui !
Humiliée par ce retour à ta chambre de
parturience.
Humiliée par ce retour rétro
au rétrou de ma naissance.
Humiliée de voir surgir d'entre tes jambes
ce bout de nasique,

bout de chique
et
rose fuchsia,
virant, de suite, à l'amarante,
puis, au lilas.
Au vaurien.
Au pire venin.
D'ophidien.
Violin ou zinnia.
Déjà
complètement zinzin.

Oui!
Guenonne-moi ou agnelle-moi,
c'est du pareil au même!
Tourmente-toi par toutes les voyelles de ton vagin.
Appelle-moi:
gnagneau,
nabot
et gnangnan nain
cabriolant contre l'écran de ton derme
ou
conchiant la crème de ta vieille peau d'hymen.
Oui!
Hurle, Maman,
bôbô,
bébé,
benêt
ou bibelot
d'insanité sonore
ne captant d'autre écho
que d'un sonar affolé
sondant les parois
de ton corps
d'incongruité.

Oui!
    Hurle, Maman, hurle!
Expectore-moi par ton poumon d'en bas!
Singe-moi,
        Sheeta!
        Sheeta!
Mets-moi bas,
        beau,
        be,
        bi!
Défèque-moi, glaviot, de ton baba bossu!
Truie-moi!
Chienne-moi! Aboie!
Aboie-moi en patois
          et rugis même par tes lombes
en charabia
d'érythème Saint-Gui.

Oui!
    Crachouille-moi,
            monstre de rorschach et de frichti
sourdant, manflû,
                par la bouche d'ombre
                de ton trouduc forci.
Décrèche-moi,
            Jésus, de ton pertuis.
Décrèche-moi,
            Jésus, herniaire de ton pis.
Oui!
    Gésis-moi,
        méphitique fruit de tes entrailles,
        méphitique fruit pourri.
Oui!
    Mornifle-moi de mille pizzicati.
    Appelle-moi:
                canaille,

valetaille,
gâchis de Q.I.
et hyène qui rit de tout,
y compris,
d'I.N.R.I.,
ce pur OVNI,
aluni
dans ta Luna !

Fait comme un rat !

Ca-da-vé-rat !

Oui !
Hurle, Maman, hurle !
Hurle comme une forcenée !
Casse-toi les cordes vocales de ton cul !
Hurle !
Sois terrorisée !
Imagine-toi,
montée à mâle,
par dix mille Arabes mastouches,
avec leurs glands gaillette
de ramonasse longtemps !
Imagine-toi,
violentée,
par autant de grands Nègres
qui t'anal-coluthent
et de galants mimine
qui fréquettent randaches
et miloutent
en te forant le bran !

Imagine-toi,
y rêvant,
en hurlant !

Oui !
Arrache-toi, en la raclant, la gorge de ton fondement !
Crache-moi de toi, balzinant !
Bourre-moi,
bourrin,
hors de ta bourre à toi !
Anonne-moi,
bête la première !
Bourrique-moi,
Dieu de chiffonnière,
demi-doux de ton dos
et
trois-quarts sot de ton sexe !
Exerce, contre moi,
ton droit d'ânesse !
Ahane-moi,
ballot,
bibiche larvaire
et nautonier de mon radeau amniotique
largué dans tes noires ténèbres !
Oui !
Glaire-moi, Maman, par tes sphincters !
Mollarde-moi de ta poche d'eau
en expulsant
les mots
de ton abêtocédaire !
Fais de moi tes cramiots d'aucune grammaire !
Désencule-moi de ta fondrière !
Nomme-moi,
terre
de ta terre,
la plus terre à terre !
Nomme-moi,
lèche de ton potia,
foncia de tes ornières,

frêchau de tes warbères
de sépia !
Marécage-moi
de ton puisard de goyette
à ciel de troupette
grand ouvert !
Oui !
Mèrécage-moi !

Jujube-moi de ton jus de quette !
Poufiasse-moi de toi en te magnant le derche !
Éjecte-moi !

Parachita !

Chatte-moi de ta chatte de gouttière !
Urine-moi de ton pissat,
pourceau,
ponceau,
pourciâ de ratchîtchîs,
pourciâ de ratchâtchâs !
Urine-moi,
tchouc-tchouc de watchîsse,
wassingue de brodion
et
langue de brotchîsse
et de carabouillats tchinîsses qui marchandent
leurs tapis de crottat !
Crotte-moi !
Oui !
Croate-moi,
serbo
ou chevreau nordaf !
Mèretèque-moi,
de toi,
merdat wallon !

Oui!
Abaisse-toi à ça!
Pour ça!
Accroupis-toi à ton endroit, bistre
et,
à la fois,
le plus incarnat!
Précipite-moi du haut de ta gibbosité
et
pisse-moi
à la vallée
des cuisses
de ton dôme croupier!
Oui!
Mouscaille-moi de ton infernal bourbier!
Mouise-moi,
barda de ton cabas,
par ton exit boursouflé.
Bouse-moi par ton rondibé.
Oui!
Moutarde-moi dans un immense brouhaha.
Fais de moi ton étron
ombilical
d'anal
nouveau-né!
Étrenne-moi en train de tarauder
le sillon de ton méat fessier.
Fais-moi naître dans la plus pure animalité,
en arrière-train
de t'adorer!

ANALLUIA!
ANALLUIA!

Fais-moi naître dans la plus pure analité
de notre oralité!

Fais-moi caca
et naître de toi
le kiki desserré de mille cris
étrongers !
Fais-moi naître démâté.
Fais-moi caquet de commère
                    et
                        jockey de tes selles
les plus ordurières !
Démonte-moi de toi par derrière !
Dématère-moi dans des douleurs
monstruelles
de ragnagnas ensanglantés !
Crève-moi de toi
débridé !
Sois la Mater
        Dolorosa
        de ton endroit le plus repoussé !
Pousse m'en lanlaire
et Lacrima Chtimi, pleure-moi de joie
en te roulant
dans la serpillère de notre ciel de lit !
Oui !
    Exprime-moi, rempli
de tes gravats de chair
les plus graveleux !
Redonne-moi la vie,
maintenant et ici,
incestueux de tes chtouillis !
Redonne-moi la vie,
in articulo,
de ton seul coccyx !
Oui !
    Stabit !
    Stabite Mater !
    Magnificat Matrice !

Refaisons ce replay iconoclaste
d'un natal coït
magnifiquement pornographique !
Oui !
        Revis-moi comme une immense bite molasse
grenouillant en toi
pour se faire aussi grosse
que le bœuf fabuliste !
Puis d'œuf
        en
          œuf
            Œufcætera !
              Jusqu'à la catastrophe !
Revis-moi comme une immense bite mollosse
nageotant d'entre
ton odore
et
ton orrore
di femina !
Oui !
      Va jusqu'à là, Mater !
          jusqu'à la bite mastiff
frayant dans ton corps
son chemin de toi
mise en croix !
Oui !
      Va jusqu'au plus archéologique !

Recommence au magma !
        Aux borborygmes du plus anal-phabête
                                        syllabaire !

                Au clatis cloaqual de ton Styx !
                Aux commissures sans écriture
                                ni créature !
                A l'échancrure locomotrice

accueillant les bavures
de la séminale bite !
Oui !

Remue en toi tout ce remugle catholique !
Va jusqu'à ce langage de crue,
de cruauté
et
de Raz de Mariée
mise à nu !
Remonte jusqu'au déluge
d'après ce déluge
dans ton issue sodomite !
Oui !
Debout Mater
de toutes les Mater
bis
et
ter, et ainsi de suite !
Réapprends-moi tes liminaires gênes dans ton
étuve coxalgique !
Réapprends-moi le bide retors de ton état
d'embarras !
Tes impedimenta !
Tes absences de suintis !
Ton sabir pour le dire !
Tes chuintis !
Oui !
Réaccouche-moi, Mater,
d'un sourire amer
de Madonna !

De galetas !

Réapprends-moi, ton épouvante et ton effroi,
de me savoir ainsi,

indivis de toi,
persona grata,
et non grata,
du fond de ton rachis!
Toi et moi,
                siamêmes
                et rémoras tandem
                de nos succions!
Saprophyte de ton lest
et parasite de ta géante vesse de lycoperdon!
Oui!
      Repense-nous, ensemble, dans cette position
                              d'immonde champignon
                              cæcal!
Dans cette impensable
liaison
fœtale!
Oui!
      Repense-moi, clown scatologique
                             aux câbles de tes colons
                             et
                             cannibale boulimique
                             de ton cello de sale laiteron!
Oui!
      Va, toi aussi,
                          aux limbes
                          et
                          au charbon!
Revis-moi tender de ton wagon caudal!
Oui!
      Relove-moi, tender d'amour,
                                      et de haine glaciale!
Et marsupial mécanicien
du four
de ta Générale
d'Annonciation!

Oui!
Réchauffe en toi
tous ces souvenirs mackseynnettiens
de ton giron
devenant bubon
de Mère Ubu
en gestation!
Oui!
Revis-moi, énorme pet de nonne et de pus!
Revis-moi,
bibendum de ton cul!
Et Keaton callipyge de ton popotin!
Et papoese de babouin
collé à l'opossum
de ton paqueton!
Revis-nous,
duo
de ton duodénum

canon!

Moi,
Capitaine Nemo, Personne,
de ton sabot demi-tonne
et
toi, sherpa de moi, ton potiron!
Oui!
Revis-moi, comme ça!
Histrion de tes ischions!
Robinson de ton île morula!
Ventouse de tes suçons!
Et tantouse tarentule de ton rond!
Oui!
Revis-moi,
Sancho Pança de ton opercule!
Et astronaute de ton naveton!

Et Mowgli de tes baci
enfermé dans ta maison Klaus
Nomi
de castrat !
Oui !
Maestro,
Maësta !
Musica !
Rejoue-moi de cette dodécaphonique
musique de ton dos !
Fais de moi un Falstaff de rots
enculé par la voix
de tes Petits Chanteurs
à la Croix de Bois !
Fais-moi hurler
depuis mon Allegrossesse à moi !
Fais-moi hurler
en décibelges de pâmoisons patois
et
en glorias de liturgie à la noix !
Oui !
Revis-moi dans cette cacophonie-là !
De curetons abscons
et
de vieilles pédales wa-wa
pour enfants libres
et
rockers wallons !
Revis-moi,
ventriloque abyssal
de tes orchestrions !
Litote Lyrique de Roi Lear
et
de Jean Chabot Bèton,
motocycliste et morpion !
Revis-moi,

incube de tes plus cahotiques émissions
d'ultra-sons!
Incube de tes stupras
de cantatrice goton!
Oui!
Revis-moi
dans cette musique
d'opéra cracra
et
de religion de boxon!
Revis-moi, enfin,
felix culpa!
Et petit baigneur bougnat
au bain-Marie de ton placenta!
Et béat!
Béate!
Zé-zaie-la-teur du culte impie
de ton cul marial
de Stabat!
Oui!
Stabête Mater!
Sois une bête comme moi!
Revis-moi,
dans l'étable omphale
de ton sauna mammaire
et
dans l'autoclave stercorale
de tes moiteurs caniculaires!
Dromamère de moi,
charretier conducteur
de tes fèces charabiosses
et toi,
porchère qui zozote
devant ton augée
de gargouillis d'enfant!
Et moi,

palefrenier des écuries d'Augias
de ta gargote

d'excrémaman !
Oui !
Revis-nous, Maman,
nous entredévorant,
stabulant,
ainsi,
ravis,
quasi religieusement !

Toi,
décuplant
a capella
tes piaulis plaintifs de Pièta,
et moi,
répondant,
en couinant,
à tes vociferi d'exsudats orgastiques !
Oui !
Revis-nous, Maman, dans cette image impudique
d'icône
et d'iclown putti,
outrageusement unis,
par leur revers !
Oui !
Reprocrée-moi, à l'envers !
Et délivre-nous du mal dont on accable
ces intempérances langagières !
Fais étable rase de ces on-dit !
Oui !
Vas-y, Mater, hurle !

Hurle !

Hurle-moi en bestiaire !
Hurle-moi à travers les métaphores,
          les plus caronculaires,
de ton corps !
Hurle-moi en anaphores populaires
et
     dans les analectes,
        les plus souterraines,
de ta grossesse !
Hurle-moi
     en bréviaire déconfès !
Oui !
  Stabête Mater !
  Compte-moi au nombre de tes prières,
les plus meurtrières !
Aie envie de me déchiqueter
     et,
      en même temps,
      de me garder en toi !
Maudis-moi,
      piranha de ton cul laminé
      et
chéris-moi,
    pipistrelle d'orgasme de ton antre velouté !
Oui !
  Désire-moi
       de tous tes desiderata de Femme,
les plus inavoués !
   Désire-moi,
        poussha et repoussha !
Oui !
  Repousse-moi, tout en me faisant coulisser,
  Dans l'étui rectal
  de ton divin morvat !
Crapoussin de toi, souillon chrétien,
                  et

disjecta entravée
dans tes rétentions d'intestins !
Oui !
Va où ça fait Vierge ballonnée et putain !

Putain socratisée !

Va où ça fait du bien !
Va où recommence la langue qui ne donne
sa langue qu'aux chiens !
Oui !
Méprise-moi,
porcin,
et canin
de ta cacane conquassée !
Et paillard de mes flacidités,
ange luciférien
qui vient te enter,
se greffer,
prolapsé,
et profiter de ton mal de chien !
Oui !
Convoque contre moi tous les chiens
du calendrier !
Redeviens harangère et catin !
Pique contre moi
une sainte colère !
Une enceinte colère de Dieu le Père !
Dégonfle-moi,
putois,
de ta montgolfière de macérat et de ventosités !
Mets-moi bas,
répugnée de moi,
répugnante bébête,
te léchant le postère !
Matrasse-moi,

Mater et jument,
tout en me déféquant !
Oui !
Pourlèche-moi,
Maman,
en usant de la grande raie mellifère de ton séant !
Fais comme les bêtes et les amants !
En m'aimant
et
en me détestant !
Fais comme l'hydre à cent têtes !
Fais-moi
mourir de renaître
du sphinx fond
de tes sphincters !
Fais comme l'ire tentaculière !
Fais-moi naître
à l'aveuglante lumière
de tes désirs contraires

de Maternité !

Fais-moi
Roi de Thèbes
à élire
ou
tuer
dans l'ovaire !
Fais-moi
Roi de Thébête
en m'entendant
braire et brailler !
Oui !
Méprise-moi et aime-moi, de concert !
Serre-moi,
bébé,

et pestifère contre moi,
bêta!
Oui!
Hurle, Mater,
comme une Jettatura!
Hurle-moi, comme hurlait, atrabilaire,
Simone Choléra!
Exonère-moi,
crachat de quinte de toux
et
ramiamious de toi,
Mégère aux Cacamélias!
Oui!
Hurle-moi
comme une Madonna Litta de pissotière!
Fais ta Marie Tatafoira!
Foire-moi,
mâchefer
et cacarde-moi,
mucilage de crayat!
Oui!
Lâche-moi de ta craille à toi
en ne me lâchant plus d'un iota!
Corbine-moi,
corbeau,
en corbiniat
et
en mitchî cacaille crètelant en churepot!
Libère-moi,
rasta,
de ton coco!
Libère-moi,
salsa,
de ta sous-ventrière!
Oui!
Lèche-moi, Mater,

comme une bête ses petits dans sa tanière!
Lèche-moi
par ta charnière,
michetonnière!
Lèche-moi
par tes glandes salivaires
d'en-bas!
Lèche-moi
dans cette révulsante position
de Caca-Sûtra!

Oui!
Fais ta Marie Vezon et Râchura!
Fais aller ta langue en wallon!
Comptine-moi,
poupon,
de tes anciennes chansons
de vieille Puppa!
Fais de moi
tes ronds macarons de caburtias cochons!
Sois la Marie de tes marelles qui mènent au
paradis de tes interdictions!
Fais faire à ton palet des rigaudons!
Oui!
Ose tes hosannas
de petite Diva
au septième ciel
de ses saute-moutons!
Ose tes hosannas,
à hue et à dia!
Oui!
Ose tes hosannas
in excelsis
de tes deux mottes
de coulis
bessons!

Oui!
    Reviens-en au cycle
de ces chansons tartes
et de cordes!
    Reviens-en au cycle
de ces chansons
qui te découvraient Cyclope
sous ta petite culotte!
Oui!
    Sois hard,
            Mater!
Chante-moi:
            hard la Salope!
Va aux refrains
de tes refrains
            d'enfance malpropre!
Va aux refrains
            noirchof
de polochons
et
de batailles de kapok!
Va aux refrains
            idiots
de gamines et gamins
saligauds!

Oui!
    Saute et enjambe
    toutes les barrières des mots!
Envoie-les ad patres,
                ainsi que tous les pères,
de tous les dictionnaires,
                prêcher dans le désert,
de leur vocabulaire!
Oui!
    Comptine-moi, Mater,

en hurlant
des gros mots de loquetière!
Hystériquement, Maman,
en hurlant
des gros mots du même tonneau!
En m'appelant:
cougnau,
colau,
Colas,
cul pelé maurticot
et
Jésus Canlette Mâchura,
Judas!
Judas!
Comptine-moi en sauverdia!
En pierrot, gorin, moineau des bois,
et capichot maurtin,
en mandôrin de colévrot
dans ton pagna!
Comptine-moi en tchic-tchic de pouillot,
en m'appelant:
sangsue de sanseroule
et
Jean Coucouille Pâpâlaulau
qu'a sa petite tchîproule à ton hublot!
Oui!
Dresse de moi
un vrai curricouillum vitæ!
Compisse-moi
de ta cramouille adorée!
Fais de ma boutroule,
ton jouet de colostrum salivé!
Baratte-moi des touches
et
fais joujoue avec ma tûtûte
en l'appelant:

biloute!
Nomme-la, ton œil de mochet, mouchon!
Comptine-moi:
mouson,
croupion,
mokion,
tanisse de mouflet,
pèna,
grognon,
plumion de pèlozia,

tcherbinîa!
Parle-moi dans l'haleine
en Yiddisch
et
en chtimi-wallon!
Parle-moi en Woody!
En Woody Wallen Buiten!
En dehors les Wallons!
Parle-moi en Woody Wallen Buitoni!
En dehors les Wallons
et les Macaronis, aussi!
Parle-moi en Gilles de Gilly!
Mets ton trou borgne là où je n'ai qu'un «î»!
Fais-moi jaspiner bigorne!
Fais-moi hurler dans mon langage cuit:
on côp,
on clau,
on clawetî sins bégèyi!

on clawetî
qui clawe
quate cints claus
sins bégèyi,
c'è-st
on clawetî

qui clawe voltî!...

(etc.

et x fois, à fond, en accélérant, progressivement, le rythme et la scansion, jusqu'au vertige écholalique, et selon les ultimes résistances pulmonaires du lecteur, jusqu'à épuisement — quasi! —

quasi certain (fin).

3. MISÈRÉRÉ

Ma santé fut menacée.

(Arthur Rimbaud. *Délires II.* Alchimie du Verbe. Une saison en enfer.)

Miserere mei Deus,
secundum magnam misericordiam tuam.

(Vers liminaire du *Psaume 50,* in *Psaumes de la Pénitence.* Office Divin très complet à l'usage des Diocèses de Belgique. Société de Saint-Jean l'Évangéliste. Desclée et Cie, Éditeurs Pontificaux. Tournai.)

Entretemps, j'ai failli mourir, en effet, et rien encore n'est entièrement, ni définitivement, joué. Cet entubé de tube digestif s'est, brutalement, mis en tête de me fouailler jusqu'au fin fond du tunnel de ce satané trouduc.

Oui ! j'ai vraiment failli y passer, vraiment manqué finir en lamentable RAMBO, à peine RAMBOssable par la Sécurité Sociale. Vraiment été à deux doigts d'être changé en statue de Jack l'Éventré, en bol fécal de Samouraï sabré, en bestiau pantelant ou — que sais-je ? — en Christounet d'arrière-province, dévoyé dans une opérette chirurgicale, tragi-comique et tchique-tchiquetchique aïe, aïe, aïe, enfoiré jusqu'au cou et au cul, au secours, au secours !

Bref ! j'ai eu sacrément peur et je me suis posé mille et une questions tourmentées.

Par exemple — dans l'heure qui a précédé la seconde intervention, en catastrophe, sur mon pauvre corps — je n'ai cessé de tanner mon ciboulot avec cette demande, un peu longuette, un peu insistante et, apparemment, totalement saugrenue. Celle-ci : est-ce qu'à produire une littérature qui, de livre en livre, manifeste, toujours davantage, un goût évident pour le Mal, est-ce qu'il n'arrive pas, un jour, que le Mal réel, la maladie ou le malheur, la douleur anatomique la plus concrète qui soit — aiguë, acérée et atrocement cactée ! — vienne, comme en retour d'imma-

nente Justice, vous frapper de plein fouet et vous clouer (— le bec ! et la plume d'écrivain ! et la luette gentille ! la gentille à luette qui vous fait ce ridicule filet de voix faiblard ! —), vous clouer tout cela, sur un lit de souffrance, tantôt submergé de cris déments, tantôt muet de peine, accablé, convulsif ou à moitié idiot de torpeur ? La réponse semble, radicalement, non !
Non et non, bien entendu ! cela n'a rien à voir et il serait déraisonnable, crédulement superstitieux ou sulpicien et martyr que de croire en quelqu'effet de revers d'un boomerang céleste, foudroyant, vengeur et exterminateur !

Boum ! et mère ! et ing ! et ang ! et qui s'emploierait à vous dérouiller, à la baston, et, comme au terme du *Grand Combat* d'Henri Michaux, à vous fouille-merder *la marmite du ventre* où logerait la bête scripturale ! Ce serait même absurde et bouffon !
N'empêche que j'y ai pensé. Que j'ai eu cette faiblesse, liée, sans doute, à une sainte trouille, que j'avoue, et sans honte !
Certes, qu'un tel questionnement habite, travaille et traverse, un écrivain catho, passe encore ! mais pas le fils de pute que je suis !
(Encore que prêt à tout, autant que bon à nib, il soit, lui aussi, capable, sincèrement faux-jeton, comme cette vieille fripouille de François Villon, de prier Dieu qu'il le veuille absoudre, et les toubibs, de veiller à le bien recoudre ! Capable de faire s'apitoyer sur son sort, son Saint-Patron hospitalier, Saint-Luc à Bouge ! Capable de réclamer de ce bon apôtre et diligent infirmier, qu'il rameute ses collègues samaritains namurois : Saint-Camille, Sainte-Élisabeth et même sa fiancée, voisine et concubine, Sainte-Rita !) Prêt à tout donc !

Pour sauver, bien plus que sa sublime petite âme, noire et damnée, bien plus que sa peau, ses tripes et ses boyaux chaudins de verrat mazouté ! Prêt à tout pour sauver ses textes, de mauvais sang !

De fort mauvais sang, épais, de jujube et de carabouillat, et de cratère, pervers et bouillonnant !

Au départ, cependant, rien d'exagérément dramatique : un masque, soudain, simiesque, de marathonien usé et qui s'appuie le para-ombilical droit, et qui se tient le bas des côtes. Puis, des élancements plus perçants, d'aiguillon de bouvier, vers le point appendiculaire. Une entrée aux soins d'urgence. Des examens requérants : une biologie et une échographie de l'abdomen qui, de son côté, met en évidence une lithiase vésiculaire. Une confirmation par cholangio intra-veineuse de la présence de ces calculs et une décision — calme ! classique ! clinique ! — l'ablation, pure et simple, de la petite vessie piriforme, atrabilaire, récalcitrante et chargée de gravats, comme un oiseau de maçon !

Une cholécystectomie, ça s'appelle !

Et tchac, le sac à fiel ! Coupez ! Coupez, comme au ciné raté !

Ordinaire, paraît-il !

Courant, quasi ! Pas de quoi s'alarmer outre mesure ! Le mauvais fils que je suis n'a, strictement, rien à craindre pour ses textes, présents et à venir : il les poursuivra, tranquillement et impunément, sans crainte d'un châtiment, disons : dans une dizaine ou une vingtaine de jours ! Sauf si les choses se compliquent et tournent, subitement, au vinaigre !

C'est le cas !

Une fièvre, pernicieuse et galopante, s'empare de mon front et me ravage le regard ; je remets cœur sur carreau et ma sonde nasale n'arrête pas de débiter une espèce de Campbell Soup — ketchup acide et vert chite ! — puante et nidoreuse ; je bile et rebile — si je puis dire ! — et suis secoué de spasmes et de hoquets, à licote et marcote, que le diable m'emporte !

J'ai l'impression de faire de l'aérophagie au carré, du météorisme au cube, de gidouiller sans frein, d'enfler, d'enfler, d'enfler!...
J'éprouve, en outre, de ces désagréables, et insupportables, aigreurs qui me font me souvenir qu'enfant wallon, j'invoquais contre elles, sainte Madeleine!

— *Sainte Madeleine,*
j'ai l'mireine,
je l'dis trois coups sans r'prendre haleine! —

Ce n'est pas tout! Mon transit tarde et les médecins suspectent une bride intestinale ou, carrément, une occlusion: le terrible misèréré et ses coliques mortelles! L'ancestral, obstructeur et bouchonneur, misèréré, naguère sans rémission, et qui porte — tant grande est la douleur qu'il provoque! — le nom du vers liminaire du Psaume 50 à David: Ayez pitié!
Oui! Miséricorde, en effet! car il y a pire encore. Un abcès (rencontré au cours de la première exploration et signalé comme une lésion du type inflammatoire, tout à fait aspécifique et très localisée) s'active, à présent, rayonne, pète le feu et cause un sérieux souci au quart de la longueur de mon colon ascendant qu'il menace de péritonite. Il faut, sans tergiverser, rouvrir la plaie, à peine en voie de cicatrisation, et procéder, six jours pour jour après la première, à une deuxième anesthésie complète et à un nouveau tripatouillage (avec résection d'un fragment d'épiploon) qui durera plusieurs heures.
La merde, quoi! La merde totale! et j'ai les foies, et je crève d'anxiété!

Non seulement je pressens que mon énergie va y laisser pas mal de plumes et d'influx nerveux, mais surtout que — via ce coup de bistouri sectionneur! — on va, effectivement, faire la peau à mon texte, m'en diminuer, raccourcir et rapetisser d'un bon bout, me taillader et viander une partie, non négligeable, de ce long ténia musicien que j'abouche et dont j'use, comme d'un instru-

ment de souffle, durant mes lectures-performances.
Non pas que je prétende que la poésie émanerait des tripes : au contraire ! — cette formule m'horripile ! — mais parce que je suis assez convaincu que ces tuyaux-là, ces buccins labyrinthiques, ces entonnoirs, cavités et canaux ramifiés, ces coudes et tortillons biscornus, eh bien je soutiens, mordicus, que tous, autant qu'ils sont, ils entrent dans le jeu sonore polyphonique de mes textes de mauvais sang.
Comme le sang en-soi, d'ailleurs, et le mucus bronchique ou les chyles, salivations, sécrétions, liquides, suintis, glaires et morvats ; l'appareil phonateur et excréteur ; l'expulsion exprimée pareille à la défécation ; le pochon du gaster ; les larmes et les lymphes ; les muscles sous-ventriers et du postère ; les sphincters anals et glottiques ; l'urine ; l'urètre ; le larynx et le pharynx Diva ; les trous ; le borgne trou et le trou pater ; tous les trous couverts, cachés ou échancrés ; tout entre en compte, — tout ! — la Prima Homma que je suis, sait parfaitement cela, qui lit en chié !
Je lis en chié, en effet !

En chié et en pas piqué
des vers !

Qu'est-ce que ça veut dire ?
Est-ce une boutade supplémentaire et qui, par pirouette, tente de bouter son siège signifiant en un prolapsus d'opéra-bouffe ?
Pas le moins du monde !

Lire en chié, c'est, à sa façon, lire avec ce malaise dans la vocalisation dont parle, admirablement, Prigent dans un texte intitulé : *la voix-de-l'écrit*[1]. C'est, à une extrémité, lire dans la vitesse et dans l'emportement de la logorrhée, dans la diarrhée verbale, la moins expressionniste et la moins oratoire qui soit. A l'autre, à

[1] Christian Prigent. *La voix-de-l'écrit.* TXT n° 17, 1984.

l'inverse, c'est lire en *s'appuyant sur une sorte de rétention du débit vocal.* Christian Prigent note qu'*il s'agit alors de lâcher la langue sous pression, avec sa passion (sa douleur, son expérience du raisonnement corporel).* C'est ce qu'il fait lui-même dans: *Un os!* et moi, qui l'ai profondément dans l'os en ce moment, je pige, au quart de poil, cela: *que la voix n'a de chance de faire entendre quelque chose de l'incarnation et de la difficulté verbales que si elle est, d'abord, rentrée au maximum, tous orifices bouchés, diaphragme noué, corps tassé et plié pour lancer l'excrétion verbale à partir de ce blocage et de cette surdité; raidi et tronçonné, l'autre corps, le corps écrit.*

Comprenez, en conséquence, cher Docteur Diafoirus, comprenez pourquoi je barounde sec, tout en serrant des fesses et en poussant de grands cris de putois écorché vif: c'est parce que, question de descente aux enfers personnels, question de sac de nœuds, de raideurs indigestes et de tronçons — Oui! question de tronçons! — j'ai déjà donné, en quelque sorte, et généreusement!

Et, vous abandonner un seul centimètre des enveloppes et étuis de mes baudruches caoutchouteuses de résonnance, c'est me condamner, illico, à être, me semble-t-il, à tout jamais, en deçà du registre bucco-anal d'exploration de mes ressources et tréfonds phonatoires!

A fortiori 30! — vous en concéder 30, comme vous le souhaitez! — 30 centimètres, vous vous rendez compte? ce serait de la folie, de ma part! De la folie, maboule et mastouche, et forcenée!

Ma monstruosité de lecture est à ce prix de sauvegarde. Comme mon inhumanité, pathétique ou comique; mes ratages et raclages; mes ambiguïtés de portée et mes contradictions de partition; mon style, quoi! — et ma voix, s'exprimant avec toute la pression intestinale qu'exige et exerce cette position de lecteur-acteur-chieur-chan-

teur ! Avec la meringue gargouillante des viscères oppressées et le battement fou des circonvolutions des méninges de ma cafetière d'en-haut ! Quand elle pense, un tant soit peu, la tête ! Quand elle pense au corps, nom de Dieu !
Lire en chié, c'est lire avec toute cette générosité-sans-galvaudage : sans économie salivante, ni parcimonie thésauriseuse du sous-souffle, sans effet de manche ni du manche, en donnant tout et, à la fois, en ne cédant rien ! En en gardant sous la pédale wa-wa du vieux moulin à paroles et, en même temps, en dépensant tout ce qu'on a poumonné et encoffré, depuis le giron du thorax jusqu'au trognon de l'anti-croupion de ces grandes volailles caquetantes, déclamant la bouche en cul de poule !
C'est tout un art, et j'en parle en connaissance de cause, de comment on en cause d'un texte comme *Stabête Mater !* Depuis juin 85 et sa première lecture embryonnaire, à Paris, à la Librairie *La Terrasse de Gütenberg,* je le porte à bout de bras. Les mois s'étant écoulés, — une année presque ! — j'ai la nette impression, fût-elle outrancière, de l'avoir lu mille fois et le sentiment harassé que chacune des performances m'a vidangé les exsudats et, parfois, vidé-tué la raison, et qu'il m'a tout fallu pour n'en être pas achevé, comme un cerveau mongol.
Oui ! c'est moins exagéré qu'il ne paraît : je l'ai porté à bout de bras, et à bout de ce lombric vernaculaire, et à bout de ces embouchures et orifices d'entrailles incongrues, et même à bout d'excréments ! Exténué ! Exténué !

A bout que j'en sortais, à grand-peine, ou, souvent, complètement hystérisé !
En fait, je devrais écrire que : ma monstruosité est à ce prix de sauvegarde. Comme mon inhumanité, pathétique ou comique ; mes ratages et raclages ; mes ambiguïtés de portée et mes contradictions de partition ; mon style, quoi ! — et ma voix ! — voire même mon hystérie !
C'est ce terme que je voulais utiliser pour signifier que, me

toucher là, au bas-ventre, c'est comme toucher à mon utérus. C'est faire une hystérectomie à mon lieu scatophone et, de concert, me retourner sur la gueule l'obstétrique à l'œuvre dans *Stabat Mater*.

C'est en tant qu'acteur-auteur-charcuté-mourant que j'ai cette double impression, d'arrachement, et de retournement de situation gynécologique d'un texte, à travers mes propres organes.

Dans sa *Lettre aux acteurs,* pour son *Atelier Volant*[1], Valère Novarina trouve des mots d'une beauté et d'une force, fulgurantes, pour bien nuancer ces choses du dedans qu'on peut éprouver en actant, en étant un acteur à trous. Il écrit : *c'est le corps pas visible, c'est le corps pas nommé qui joue, c'est le corps d'l'intérieur, c'est le corps à organes. C'est le corps féminin. Tous les grands acteurs sont des femmes. Par la conscience aiguë qu'ils ont de leur corps du dedans. Parce qu'ils savent que leur sexe est dedans. Les acteurs sont des corps fortement vaginés, vaginent fort, jouent d'l'utérus; avec leur vagin, pas avec leur machin. Ils jouent avec tous leurs trous, avec tout l'intérieur de leur corps troué, pas avec leur bout tendu. Ils ne parlent pas du bout des lèvres, toute* la parle *leur sort du trou du corps. Tous les acteurs savent ça. Et qu'on veut les en empêcher. D'être des femmes et d'vaginer.*

Entendons-nous donc clairement, cher Docteur Diafoirus, nous parlons bien de la même chose, n'est-ce pas ? Fût-ce sur des plans différents ! C'est bien ce blocage-là qui vous fait problème ? C'est le lent cheminement, lambin, de mes selles que vous scrutez au stéthoscope ? C'est sur mes gaz, ventosités et flatulences que vous me cuisinez ? C'est cette misère de misèréré qui nous rend, complices dans le réel, mais, totalement antagonistes, dans l'ordre du symbo-

[1] Valère Novarina. *Pour Louis de Funès* précédé de *Lettre aux acteurs.* Actes Sud, 1986.

lique !

C'est à partir de ce champ-là que je pense, quant à moi — en écrivain-acteur et exclusivement en tant qu'écrivain-acteur ! — et si je me bats, pied à pied, et pouce à pouce, sur l'autre terrain, c'est pour garder, intacte, la plus minuscule parcelle de chance cylindrique, à ces mètres et mètres de ruban hi-fi cacophoniques et de ténèbres acoustiques qui font partie intégrante de mes fictions et lections. Sinon manchoté que je serais, et cul-de-jatte de mon cul mutilé, et les fressures béantes, et l'air s'échappant par les raccords de mes embouts que je ne pourrais imaginer que piqûrés, couturés ou suturés, à la grosse morbleu, ou constamment susceptibles de se dégonfler, comme les soufflets plaintifs d'un bandonéon, rendant l'âme !

Ceci dit, nous ne sommes pas des ennemis, cher Docteur Diafoirus, vous exécutez votre boulot de boucher sanitaire et moi, le mien, qui consiste, pour l'heure, à résister à tout ce qui porte atteinte mentale ou préjudice physique à ce texte — de mauvais sang ! — dont j'ai l'arrogante présomption de croire et d'affirmer qu'il est, d'une force et d'une qualité, exceptionnelles. Mais quel fumier de texte ! Non content de me faire caner et de me filer une pétoche qui ferait se signer le plus anar et le plus mécréant des poètes de ma génération, ne voilà-t-il pas que, pourri comme il est, et me tranchefilant d'une impressionnante rondelle de pus dans mes conduits excrétifs, il me réduit en outre à la quintessence ironique de ce que je lui fais raconter : — que je suis un fœtus, plié et courbé en deux dans sa position de douloureux repli fœtal, et demain

(après avoir été nourri idiot, durant trois semaines, par une espèce de Bill Baxter alimentaire, me distillant ses perfusions !) un bébé ! Un bébé sustenté de panade, et de brouet, et de légumes peu chargés en cellulose, hachés menu et mixés. Oui ! un bébé, et qu'il faudra, peut-être,

divertir de comptines pour qu'il consente à ingurgiter ses yaourts, ses viandes maigres, bien tendres, et ses fruits, en compote ou en jus filtré !
Au fond, ce que je veux dire : c'est que je n'avais nullement tort de me bassiner avec cette longue question, d'aspect religieux, du début ! C'est que, finalement, ce texte de mauvais sang m'a, finalement, eu et baisé jusqu'à la gauche : mot pour mot, mot à mot et en m'enculant au pied de la lettre !
Est-ce que je l'échapperai belle, la prochaine fois ? Est-ce que je finirai avec un sac plastique à merde, un cancer au trou d'balle ou un anus artificiel ? Qui le dira ? Je n'ai que 43 ans et tout est possible ! Même la mort que je viens de vivre live !

22/29 avril 86.

Trémouroux (Franière) - 1949.
Arthur Verheggen, grand'oncle et garde-chasse des bois de Pubères Putains. (J.P.V.)

Namur - 1941.
Simone Marlier, la mère, Stabat Mater. (J.P.V.)

Gembloux - 1948 - Grand'Rue.
Famille endimanchée avec grande sœur, petit frère, père et mini Jean-Pierre collé à sa mère. (J.P.V.)

Sorgnano di Carrara (Italie) - 1974.
Famille italo-belge, nouvelle mouture, nouvelle manière, avec fille, femme et fils dans le village de leur mère. (J.P.V.)
(Photo Michèle Daireaux)

Sauvenière (Gembloux) - 1969.
En tenue de cérémonie d'époque, entre Gisella Fusani (Toscane) et Zoë Knockaert, grand'mère paternelle, bouchère équine — et femme-cheval! — à Orléans (Loiret). (J.P.V.)

Jannick Verheggen, dédicataire de Pubères Putains, *en haut avec Bali, sur la côte normande, et en bas, au Centre d'Art Contemporain de Bruxelles, avec de gauche à droite, le peintre Philippe Boutibonnes; Sabrine, sa sœur; Bali et Gisèle.* (J.P.V.) (Photo Michèle Daireaux)

Deux rencontres littéraires, amicales et capitales : Christian Prigent et André Miguel, chez ce dernier, en 1970, à Ligny. (J.P.V.) (Photo Cécile Miguel)

Colombes - 1970.
Le groupe TXT *dans le jardin du* Collectif Génération. *De gauche à droite : Christian Prigent, Jean-Pierre Verheggen, Eric Clémens, Yves Froment et Gervais Jassaud.* (J.P.V.)

Namur - 1978.
Dans les studios de la R.T.B.F., pour la fameuse émission Idem, *avec Marc Rombaut.* (J.P.V.)
(Photo François Lagarde)

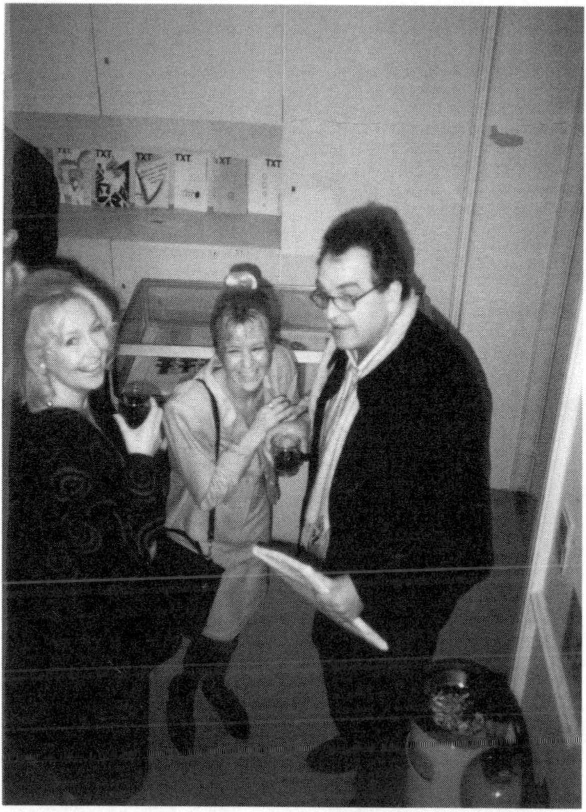

Bruxelles - 1989.
L'autre complice radiophonique, Anne Mugermans, Sabrine Verheggen et Mathias Pérez, peintre et éditeur de Porches, Porchers, *à l'occasion des 20 ans de* TXT *et des 10 ans de* Muro Torto, *chez Fabienne Dumont, à la Maison des Artistes de la Communauté française de Belgique, rue des Nerviens.* (J.P.V.)

Bruxelles - 1989.
Rue d'Écosse, à l'entrée du Théâtre-Poème de Monique Dorsel.
(Photo Nicole Hellyn - A.M.L. Bruxelles).

Verheggen ou la naissance du langage

LECTURE

de Jean-Marie Klinkenberg
Professeur à l'Université de Liège

DE VERHAEREN À VERHEGGEN : LA LANGUE D'ÉCRITURE

La langue est le personnage principal — et peut-être même le seul personnage — du théâtre de Jean-Pierre Verheggen. Mais qu'est-ce que la langue ?

La langue n'est pas seulement un instrument qui nous sert à communiquer. Elle nous sert aussi à nous affronter aux autres, à maudire, à jouer, à hurler. A nous affronter : « Nous aimions nous lancer des piques. Pratiquer l'auto-invective ou la joute de groupe. Nous abreuver d'affronts » (*P.P.*, p. 76). A maudire : « Nous aimions dire : fichtre. Foutre. Dire delenda ! À propos de n'importe quoi. Dire fouchtra. Ou banzaï. Comme des Nippons de B.D. Comme des canailles décalcomaniées. Comme des G.Is. Comme des catins. Comme des poussahs. Dire des jurons eurasiens. Ou des jurons anciens. Déformant le nom du Dieu chrétien. Dire des sacristis » (*P.P.*, id.). A jouer : « Nous aimions beaucoup les galéjer. Les excéder» (*P.P.*, p. 74), «Nous aimions beaucoup parodier les incantations (...) Marmonner des contrefaçons de prières. Muser des patenôtres» (*P.P.*, p. 106). A hurler: «Oui!/Hurle, Maman, hurle!/Expectore-moi par ton poumon d'en bas! Singe-moi,/Sheeta!/Sheeta!/Mets-moi bas,/beau,/be,/bi!» (*Stabat*, p. 159). Mais la langue nous sert aussi à nous situer dans le tissu social. Ou encore à créer des mondes nouveaux («L'arbitraire des mots nous grimpait au ciboulot. Nous nous y adonnions à la prostitution la plus shuppo» *P.P.*, p. 123).

Cette richesse de fonctions a une conséquence bien simple: toute langue est faite de variétés. Variétés le plus souvent occultées par une norme castratrice. Cette norme qui nous persuade qu'il y a une langue qui se nomme le français, et qui nous fait oublier que ce sont *des* français, que nous manipulons quotidiennement. Dans ces variétés, il en est de légitimes et d'illégitimes. Les variétés légitimes, celles du «beau français» bien malmené par Verheggen, ont une fonction: être le signe du pouvoir symbolique imposé par la société. Le bon usage linguistique a partie liée avec la bienséance sociale.

C'est ici qu'il faut ménager une place à la notion d'insécurité linguistique. Il y a insécurité dès qu'on a d'une part une image très nette des variations linguistiques permises, et que d'autre part on sait que ses productions effectives ne sont pas conformes à la norme: lorsqu'il y a, selon la formule de Bourdieu, «reconnaissance sans connaissance». Il y a au contraire sécurité dans deux cas: quand la production d'un locuteur respecte une norme qu'il reconnaît, et quand son usage est déviant, mais sans qu'il ait conscience de cette non-conformité.

Ces règles valent pour toutes les langues, au fur et à mesure qu'elles s'institutionnalisent, et pour tous les groupes sociaux. Mais elle exercent un effet particulier sur la création en langue française. Existe-t-il en effet une langue plus fortement institutionnalisée que le français? Cette langue est depuis longtemps branchée à maints appareils de célébration et d'exaltation qui n'ont pas leur équivalent ailleurs. C'est une des plus fixées, normalisées et centralisées qui soit, au point que tout francophone souffre d'une hypertrophie du surmoi grammatical.

L'écrivain vit cette situation de manière particulière: lorsqu'il écrit, un lecteur invisible le surveille, perché sur son épaule, et il le sait. Et ce qui est vrai de tout écrivain francophone l'est plus encore pour celui qui est né et qui vit hors Hexagone. En particulier le Belge. Les quinzaines du bon langage le lui serinent depuis toujours : il parle mal ; il doit sans cesse « surveiller et se sentir surveillé », comme l'exigeait naguère une affiche puriste. Même lorsqu'il a joui d'une bonne instruction — et a fortiori dans ce cas, car l'école aiguise la conscience des formes légitimes —, la langue est un problème pour lui. Même s'il le nie et revendique son appartenance naturelle à la patrie du bien dire : presque tous les textes des quatre-vingts auteurs représentatifs réunis dans *La Belgique malgré tout*[1] traitent de ce problème.

Les réactions à l'insécurité son plurielles. La plus courante est le silence. On perd ses moyens, on ne trouve plus ses mots, on est dépossédé de sa langue. Est-ce un hasard si l'on a démontré naguère que le silence était un des thèmes majeurs de la littérature de Belgique ?

En dehors de cette réaction commune et extrême, il n'y a guère, pour qui a choisi d'écrire et de parler, que deux moyens de dépasser l'insécurité. Deux moyens apparemment contradictoires.

Le premier, c'est le purisme. Rendu méfiant, on se surveille. Et la Belgique est effectivement la terre du *Bon Usage,* et la première nation à avoir érigé l'orthographe au rang de discipline olympique : n'a-t-elle pas suggéré, par ses Championnats Nationaux d'Orthographe, une belle opération pan-francophone à Bernard Pivot ? En littérature, ce courant a pu produire des écoles comme les très maurassiens *Cahiers mosans,* mais aussi des œuvres réussies comme *Tempo di Roma* d'Alexis Curvers, ou *Saint-Germain ou la négociation* de Francis Walder.

L'autre tendance consiste à valoriser sa peur des fautes. On a alors recours à l'artisterie verbale, au « trip de langage », à la surécriture.

Nombre d'auteurs belges ont ainsi pu convoquer dans leurs œuvres l'archaïsme et le flandricisme, comme Charles De Coster, le néologisme, illustré par des auteurs aussi différents que Verhaeren — qui fit entrer le mot *tentaculaire* dans le dictionnaire —, Lemonnier ou Michaux, le mot savant et le wallonisme francisé comme Jean-Pierre Otte (« Un jeune écrivain du XIXe siècle qui écrivit au siècle suivant », pour Verheggen). Ce sont les « syntaxes mal au clair » de Max Elskamp, les partitions avec ou sans portées de Christian Dotremont, la création sur les schémas de l'argot ou du langage enfantin de Norge. Bref, une solution baroque, ou carnavalesque.

Cette faim d'aventure langagière s'est manifestée tout au long de l'histoire des lettres belges. Aux époques où régnait la première tendance, elle continuait à se manifester, de manière souterraine, illustrant une tradition «d'irréguliers du langage»[2].

Jean-Pierre Verheggen a d'abord été un petit Wallon issu d'un milieu modeste et éduqué dans les variétés linguistiques non légitimes : le dialecte wallon, le français régional. Il arrive à l'âge adulte et sur le marché du travail dans les années 60 (les fameuses *golden sixties* des économistes) : c'est l'époque où la société connaît un formidable développement du secteur tertiaire et où la petite bourgeoisie opère un mouvement massif de légitimation. Comme beaucoup de jeunes de sa classe, Verheggen se tourne vers des formations donnant traditionnellement une certaine maîtrise du pouvoir symbolique : les carrières du verbal. École normale, puis études de Philologie romane. Cette orientation est, on le sait, grosse de bien des frustrations : alors que les enfants des classes nouvelles prenaient ce tournant, ceux des classes dominantes, futurs *yuppies*, opéraient déjà leur reconversion vers les mathématiques et l'économie. De plus, pour l'esprit critique, le choc entre la culture première et dominée d'une part et la culture légitime de l'autre ne pouvait manquer d'orienter vers la réflexion sur le caractère trompeur du langage, et sur les jeux sociaux qu'il dissimule. Le caractère nécessairement conflictuel des variétés de la langue ne pouvait que frapper. C'est d'ailleurs un des thèmes du roman d'André-Joseph Dubois, *L'œil de la mouche*.

Verheggen dut être passionné par ces conflits langagiers, symbolisant puissamment d'autres luttes. Toujours est-il que sa biographie imaginaire[3] met l'accent sur une continuelle quête de la langue : son apprentissage commença avec les borborygmes du nourrisson et ne cessa d'enrichir l'auteur de variétés nouvelles : langues signalant l'altérité, et au statut social ambigu (comme l'italien, «grande langue» de culture, mais aussi parler de l'immigré en Wallonie par excellence), langues basses — vernaculaires —, entrant en contact, ou en conflit, avec les variétés légitimes et écrasantes («la belle langue française»). Mais les langues, ce sont aussi les registres («langues d'amour»), les évidences massives et trompeuses, véhiculées par les discours de la culture («études des langues de bois», des «langues de répression»).

LANGUE CARNAVALESQUE

Quelle va être la place de Verheggen écrivain dans l'alternative que j'ai décrite? Elle est évidente: il opte pour la position baroque.

Il a de bonnes raisons pour le faire: n'a-t-il pas vu dans la langue un enjeu vital et social majeur? La langue, c'est le ring sur lequel se déroulent tous les combats: «m'violence, c'est m'violangue».

Mais quelles variétés langagières vont être convoquées dans la diction baroque? Car elles ne sont pas interchangeables. Chacune apporte avec elle ses significations et son écologie, de sorte que la nature et les vertus du mélange en seront affectées.

Une formule de l'auteur lui-même dit fortement l'originalité de son idiolecte: Verheggen écrit en «populo-lacanien». C'est une langue duplice: la formule désigne d'un côté le connu et le commun, dans les deux sens du terme (mais qu'est-ce que le «peuple»? cette première partie de la formule est faussement limpide...), et de l'autre, la langue d'un individu unique, résumant tous les parlers intellectuels pleins d'afféteries pratiqués par les sectateurs des chapelles parisiennes. Une formule explosive, quasiment oxymorique (comme dans la fameuse «clarté qui tombe des étoiles...»).

Et il est vrai que ce qui frappe d'abord à la lecture de Verheggen est bien le caractère composite de son écriture. Mélange de vulgarismes, de régionalismes, de mots étrangers, de noms propres de toutes provenance, de préciosités, de tours journalistiques, de tics hérités de la littérature en «bon français», de souvenirs d'école ou de cours de récréation... On pense immanquablement à la phrase de Rimbaud: «J'aimais les peintures idiotes, dessus de portes, décors, toiles de saltimbanques, enseignes, enluminures populaires; la littérature démodée, latin d'église, livres érotiques sans orthographe, romans de nos aïeules, contes de fées, petits livres de l'enfance, opéras vieux, refrains niais, rythmes naïfs».

Ouvrons *Pubères, Putains*: le livre abonde en vocables compliqués devant la graphie monstrueuse desquels on hésite: «oaristyx», «érythème», «ischions»... Mais ces mots savants voisinent avec la diction argotique («Nous aimions nous ensemencer le rondibé. Nous bagouser le tiche. Nous bicher le foiron. Aboucher nos zéros», *P.P.*, p. 96). Les néologismes de type savant («icaresque») voisinent avec d'autres, plus évidents («Savoir (...) les vescer ou les tréfler. Les faire surir. Les luzerner et choucrouter», *P.P.*, p. 98). Le vocabulaire technique abonde. Parfois, c'est toute la terminologie relative à une discipline ou à un objet qui se déverse dans l'énoncé: ici «hongre», «carne», «étalon», «ganache» déclinent le monde du cheval, ici encore se décrit le monde des marais, des fagnes et des pièces d'eau, tandis que là se déversent les noms de petits métiers («Des tailleurs occasionnels. D'oseille. Dite surelle. Ou d'osier. Des vanniers. Des fagotiers. Des étêteurs de saules amandiers. Des fabricants de hottes. De cagerottes» (*P.P.*, p. 73). On frôle parfois le didactique, mais le plus souvent la séquence s'emballe. A quelle manipulation de dictionnaires ne se condamnerait pas le lecteur qui prétendrait identifier tous les termes d'un passage comme celui-ci: «Chargeant des appariteurs de nous annoncer comme vergobrets bretteurs. Grands vizirs ou régents. Valis. Marghraves. Baillis ou lanceurs de dés slaves. Francs-tireurs ou confédérés. Frondeurs décadents. Dissidents ci-devant. Aspirants merlans ou archimandrites. Extra-italiques. Bouifs. Oisifs ou luperques. Hiérogrammates ou héliastes. Scolastes d'un herzog. Arvals ou vélites. Augustals polyglottes. Popes. Papes. Oplomates navrés ou soufistes. Tous, très sexuellement, obsédés! (...) Proxènes de notre sperme et brenns de notre bran. Marabouts et rufians. Varlets. Icoglans et damarets ou damoiseaux d'un prestolet. Talapoins ou dépendants d'un esquire. Triumvirs ou purotins défrocards. Matassins ou rhingraves. Mozaïtes. Eubages. Sophistes ou Cent-Suisse ringards» (*P.P.*, pp. 123-124)?

Le mélange est subtilement dosé. Il opère parfois à l'intérieur d'un seul et même syntagme: tel un savant pervers, Verheggen aime à faire copuler un mot bas et une tournure empruntée à la langue classique, ou à utiliser un terme dit élégant pour désigner une réalité réputée basse («Hédonisme boueux», «Son absence de suites et de grassues traces», «ambulants bubons»...). Les éléments du mélange sont eux-mêmes flous: les termes techniques sont subtilement détournés («Nous confondre aux couleurs. Isotopes», *P.P.*, p. 96; hommage discret à la physique nucléaire et à la néo-rhétorique...), les contextes gauchissent les sens (dans «cochant son étalon tride», cocher subit l'influence du vocabulaire du cheval, et évoque donc «coche», comme par surcroît). Subtil, le mélange n'est jamais lisse: il ne vise pas à créer un nouveau niveau de langue, qui intégrerait tous ses éléments dans une synthèse harmonieuse: il est plutôt là pour orchestrer la discordance.

Cette discordance caractérise aussi le jeu sur les noms propres: ce sont toutes les cultures et tous les savoirs — élaborés ou populaires — qui sont rageusement convoqués dans le texte de Verheggen. Rambo et Rimbaud, Michaux et Madonna, *Le Roi Lear* et Buffalo Bill, les petits chanteurs à la croix de bois et le Bread and Puppet, «l'Office Divin très complet à l'usage des Diocèses de Belgique» (*Stabat*, p. 182), Catulle, Consuelo, Giorgione, Zorro, Tinguely, Gérard de Nerval, Sidoine Apollinaire... On l'a souvent noté: les grandes figures de la culture et du savoir occidentaux sont toutes convoquées dans l'œuvre, et jusque dans ses titres dérisoires: *Artaud Rimbur* et *NiNietszche, peau de chien!* se passent de commentaire; *Le Degré Zorro de l'écriture* allude à Barthes et à son *Degré zéro de l'écriture, Divan le terrible*, c'est Freud...

Quelle est la fonction d'un tel mélange?

La langue de Verheggen lutte contre la classification: contre les dichotomies du bon et du mauvais, du sale et du propre, du violent et du doux, de l'âge adulte et de l'enfance. Toutes oppositions qui (Verheggen est structuraliste peut-être sans le savoir) convergent en une seule: celle du haut et du bas.

En déclarant «Nous aimions tous les mots. Bas ou hauts» (*P.P.*, p. 125), c'est cette opposition que le texte verheggennien prend d'assaut. Il nous force à en revoir les termes. Non pour leur substituer une nouvelle hiérarchie, qui ne serait jamais qu'un sous-produit de la précédente, mais pour contester l'idée même de hiérarchie. Il serait donc faux de prétendre qu'il y a chez l'auteur un parti pris de promotion de l'infâme. Et peu pertinent de voir en lui un croisé, luttant, comme Pierre Larousse dans son *Dictionnaire universel*[4], pour la réhabilitation du porc. Ce qu'il faut abattre — et l'effort a chez Verheggen quelque chose de désespéré —, c'est la stabilité des oppositions, des structurations et des hiérarchies.

On ne peut éviter de faire référence ici à la théorie du

carnavalesque, élaborée par Mikhaïl Bakhtine.

Cette théorie est inséparable de la notion de dialogisme. Celle-ci fait voir que tout texte élaboré par un auteur apparemment unique est en fait traversé par une multiplicité de voix, telle que le *je* (central dans *Stabat Mater*) n'est plus dissociable du *nous* (central dans *Pubères, Putains*) ; l'un et l'autre manifestent ainsi leur incomplétude. Cette multiplicité discordante est, on l'a vu, une des caractéristiques majeures de la diction verheggenienne. Le dialogisme peut déboucher sur le carnavalesque. Vaste figure de rhétorique, le carnaval tient en un seul mot : retournement. Le temps d'un jour, le temps d'un discours, le puissant y est moqué, la femme commande, le peuple est souverain. Le discours carnavalesque est ainsi celui qui transforme et renverse. Qui opte pour le déséquilibre et, se tenant loin de tout prétendu réalisme, fait voir le bas dans le haut et vice-versa. Qui médie ce qui paraît d'abord opposé : «Nous aimions les deux extrémités» (*P.P.*, p. 70). Le retournement est assuré par de multiples rites : par le masque — le thème du déguisement est bien exploité dans la section I, 2 de *Pubères, Putains* —, par la fête (section II, 6), par le jeu, joué à la limite du vrai et où l'on risque de se perdre (section I, 2 et 3), ou par la projection de soi dans l'imaginaire (qui anime toute la dernière section).

Appliquant le concept carnavalesque à l'étude de Rabelais — un auteur maintes fois évoqué, et non sans raisons, à propos de Verheggen —, Bakhtine note que la dérision et les puissances vitales y sont étroitement solidaires. En niant désespérément la logique binaire (on est ceci ou cela ; pas les deux à la fois), le carnavalesque provoque une forme de régression qui nous rapproche des origines de la vie (ce qu'illustre bien *Pubères, Putains*, comme nous le verrons). S'il renverse et abaisse, c'est pour procéder à une regénération. Illustrant une renaissance, il mime la naissance — thème de *Stabat Mater* —, naissance de l'être, de la société et de leurs langages.

On comprend alors mieux le statut ambigu des «maîtres à penser» — Nietzsche, Artaud, Barthes, Mao... — convoqués dans les titres de Verheggen. Ils sont là comme garants de libérations esthétique, philosophique ou politique. Mais il s'agit aussi d'en rabattre avec leur prétention d'être des guides, même et surtout lorsqu'on leur doit quelque chose. La dérision des titres est un garde-fou contre tout dogmatisme, et vise à préserver le dynamisme multidirectionnel de la pensée. Car même du carnaval il faut se méfier: «Nous méprisions tout, c'est vrai! Même les fous. Ces fous que nous-mêmes nous paraissions! Les fous dont nous venions à peine pourtant de mimer les joyeuses fêtes et faux sermons» (*P.P.*, p. 110)[5].

Il s'agit aussi de prendre d'assaut les distinctions entre les langages sectoriels. Car pourquoi faudrait-il séparer les mots du savoir et ceux du sentir? ceux des professions et ceux d'une vie courante qui méconnaîtrait le travail? distinguer une langue intellectuelle d'une autre qui ne le serait pas?

Le mélange de Verheggen sera donc aussi celui du langage et du métalangage, du langage pratique et du langage théorique. La chose se manifeste dans l'économie de la plupart de ses livres: les passages de réflexion sur ce qui vient de s'écrire ou sur ce qui va s'écrire y abondent. Le récitatif central de *Stabat Mater* est encadré par de tels commentaires; ailleurs, des citations et autres éléments paratextuels fournissent des pistes de lecture. Mais le mélange se fait aussi le plus souvent au cœur du texte, et de manière plus subtile. Soit la longue énumération des personnages qu'incarnent les héros de *Pubères, Putains*, énumération déjà citée et où abondent les mots rares comme «rhingrave» ou «icoglans». Arrivé à son terme, l'auteur poursuit, sur le même ton: «Sans suite. Sans autre logique que pornographique». Commentaire qui porte non sur les statuts sociaux évoqués, mais sur la succession de leur désignations. Plus loin, dans une nouvelle énumération où l'on trouve «Feudataires. Faussaires», il glisse: «Gonfaloniers rangeant sous leurs bannières tout ce qui rime en 'ère'», puis, à la fin du paragraphe, conclut: «Tous les mots qui vont de pairs à serfs. Tous les mots surnuméraires. Plagiaires ou lacunaires. Tous les mots d'un dictionnaire dicté par les seules nécessités de notre irréversible analité. Tous les modèles et les plus veules copies. Tous les mots qui foraient dans notre corps avide» (*P.P.*, p. 124-125). Il attire ainsi, avec les moyens du langage-objet, notre attention sur les règles qui ont présidé à la constitution de la séquence: la corporalité et l'animalité du verbe, dont on parlera ci-après. Conformément à une pratique généralisée par le groupe TXT, il sape l'opposition, qui paraissait d'abord solide, entre pratique et théorie.

Tout ceci apparaît bien si l'on centre son attention sur une des variétés linguistiques convoquées dans le carnaval verheggenien : le wallon.

Chez Verheggen, « le wallon n'a aucune vocation exotico-folklorique. Nous ne sommes ni dans « la couleur locale » ni dans la revendication régionaliste »[6]. Il n'en reste pas moins que ce langage ne récuse pas les déterminations : on est toujours de quelque part, et de multiples lieux.

Mais l'essentiel est de noter trois choses.

La première est que le dialecte apparaît comme la variété de langue la plus pulsionnelle : première apprise, réservée aux relations les plus intimes, langue privée donc, c'est elle qui exprimerait le mieux l'animalité de l'être (« Aboie-moi en patois/ et rugis même par tes lombes » ; *Stabat*, p. 149) et qui serait donc la plus carnavalesque. Nous reviendrons sur ceci.

La deuxième est que les déterminations exprimées par une langue locale disent non pas l'identité, mais l'altérité. Ailleurs, le wallon n'est-il pas présenté comme une « espèce d'arabe monstrueux » ? (*Le Degré Zorro de l'écriture*, p. 73). L'usage du vernaculaire fait voir ce qui est familier dans son étrangeté fondamentale : un écart d'écriture qui (...) rend passionné de la faute de frappe et de l'accouplement bestial — hors nature — de mots très peu congénères » (*id*)[7]. Altérité : le wallon (ou plutôt les wallons) n'est d'ailleurs rapproché de la langue de celui qui symbolise l'altérité absolue — le juif —, et apparaît toujours dans des contextes liés à l'exclusion sociale : « Parle-moi dans l'haleine/ en Yiddish/ et/en chtimi-wallon !/Parle-moi en Woody !/En Woody Wallen Buiten !/ En dehors les Wallons !/parle-moi en Woody Wallen Buitoni !/En dehors les Wallons/et les Macaronis aussi ! » (*Stabat*, p. 179). Altérité : le wallon de Verheggen n'est pas transcrit avec un souci de vérisme (d'ailleurs, ne le nomme-t-il pas lui-même du « ouallon » ? n'y glisse-t-il pas des néologismes de son cru, et ne parle-t-il pas de l'orthographe « volontairement incertaine » qu'il en a ?), ni — ce serait un comble — avec le souci puriste qui est celui de maint auteur dialectal. Il introduit ainsi le doute et la déviance au sein d'un langage déjà déviant. Comme pour l'empêcher de perdre sa force corrosive au profit d'un nouveau conformisme.

Enfin, le wallon est ici synonyme de langue basse. Cet arabe-là n'est assurément pas la langue d'Averroès ou d'Ibn Khaldûn, mais bien celle des travailleurs immigrés les plus méprisés, frères en cela des «Macaronis». C'est une langue liée aux réalités basses: «Tchouc-tchouc de watchîsse, /wassingue de brodion/ et/langue de brotchîsse/et de carabouillats tchinîsses qui marchandent leurs tapis de crottat!» (*Stabat*, p. 162). En elle, ce sont les genres littéraires les moins nobles qui s'expriment: les virelangues («on côp,/on clau,/on claweti sins bégèyi!/on claweti/qui clawe/quate cints claus/sins bégèyi,/c'e-st/on claweti/qui clawe voltî!...»; pp. 179-180), les comptines («mouson,/croupion,/mokion,/tanisse de mouflet,/pèna,/grognon,/plumion de pèlozia», p. 179), les randonnées, les jeux de mots, les «expressions apparemment débiles» («Jean Coucouille Pâpâlaulau», «fais joujoue avec ma tûtûte/en l'appelant:/biloute!»; pp. 178-179).

LANGUE PULSIONNELLE

Avec la langue, on navigue entre l'amour et la méfiance. D'une part, la langue assure notre contact avec le monde (le lieu de notre corps à corps), de l'autre, elle nous ment et nous enferme: dans les discours convenus, les automatismes, les idéologies.

Il s'agit donc de déjouer le jeu du langage, d'éventer ses pièges, de faire éclater les moules de la convention. De «déconstruire», comme on eût dit naguère.

C'est le rôle d'une écriture attentive aux relations entre signifiants.

Le langage «normal» organise ses éléments en tenant compte de l'idée à développer. Au mot «fumer», on juxtaposera le mot «pipe», ou le mot «cigare». Et l'usager quotidien ne cherchera pas à lui associer un mot qui commencerait obligatoirement par «f». Le langage spécial qu'est la poésie met au contraire l'accent sur ces rencontres de formes. Ce qui lui permet de proposer de nouvelles, et parfois surprenantes, associations de sens. Mais là encore, le caractère potentiellement explosif de tout langage poétique a été soigneusement encadré par la tradition: les formes fixes contrôlent les associations de signifiants, l'obligation de signifier les canalisent dans des limites étroites, l'existence de genres cantonne ces techniques dans des contextes déterminés: autant de limites à la production langagière.

C'est pourquoi Verheggen met le genre non seulement en accusation (on verra ce qu'il pense du récit), mais encore va au travail sur le signifiant dans ce qu'il a de moins «présentable» et de moins récupérable par la tradition. D'où le rôle du calembour chez lui[8]. Le calembour, et plus généralement le métaplasme, a toujours été honni des esprits fins. Rangé au rang des jeux d'esprit faciles, au même titre que la contrepèterie ou la charade à tiroir. C'est la «fiente de l'esprit qui vole», suivant les termes du père Hugo, qui en connaissait un bout en la matière.

L'us et l'abus du calembour a valu à Jean-Pierre Verheggen la réputation d'un auteur rigolo. Comme l'auteur est barbu et rond, et qu'il lui arrive de manifester une assez jolie santé, la presse a eu tôt fait de l'enfermer dans son rôle, peu gênant, d'amuseur ou de comique. Les critiques les moins bien disposés parlent, quant à eux, de blagues de potache ou de démagogie. La première des deux censures, pour être plus discrète, n'en est pas moins efficace. Toutes deux manifestent, en tout cas, un malaise devant l'œuvre.

Il est vrai que certains de ses jeux de mots sont «faciles» et que l'auteur affectionne, selon ses propres termes, les «expressions débiles». Mais le calembour n'a pas ici pour but de déclencher le rire gras. Encore que le texte, sournois en cela, tolère de multiples lectures, y compris les plus plates. Mais celui qui y chercherait un almanach Vermot un peu remis à jour en serait vite pour ses frais.

Tout d'abord, le calembour est une des meilleures expressions possibles du carnavalesque. Il participe de la lutte contre le refoulement du bas. Lié au rire, il est négation de l'ordre régnant. Sapant les règles logiques qui président à l'enchaînement de l'énoncé, il ruine tout discours normatif. La critique a noté qu'il y avait moins de calembours dans *Pubères, Putains* que dans *Le Degré Zorro* ou *Le Grand Cacaphone*. Le calembour n'en est cependant pas absent (la première partie de l'œuvre se clôt sur l'invocation blasphématoire «Notre Sperme qui êtes aux cieux», p. 86, et la dernière sur celle-ci qui ne l'est pas moins: «Le cul. Anus Dei!», p. 130). Mais sans doute la promotion du bas était-elle suffisamment assurée ici par des moyens autres que langagiers. Par les thèmes mêmes, sur lesquels on reviendra: le porc, le corps, et ses fonctions basses. Et l'auteur a de toutes manières renoué avec sa figure favorite dans *Stabat Mater*, où la naissance difficile, à la fois joie grondante et épreuve, est racontée par des associations ou «Jésus» appelle «gésir» («Décrèche-moi,/Jésus, de ton pertuis./«Décrèche-moi,/Jésus, herniaire de ton pis./Oui!/Gésis-moi,/méphitique fruit de tes entrailles,/méphitique fruit pourri» (*Stabat*, p. 159).

Comme d'autres procédés, le métaplasme sert de garde-fou contre une lecture unidimensionnelle de l'œuvre.

Car une certaine littérature sérieuse a fait d'une forme de calembour (soigneusement aseptisé) un véritable mode de pensée: on cherche dans le rapport des signifiants un rapport réel et caché entre concepts. Sans remonter à la Gnose, citons comme auteurs illustrant cette herméneutique du calembour des personnalités aussi dissemblables que Claudel et Lacan.

On ne peut certes ranger Verheggen auprès de ces grands aînés. Tout d'abord, en mettant en évidence les stéréotypies du langage, il attire sur ce dernier un regard critique. Mais n'y aurait-il pas chez Verheggen un autre lieu commun: celui du calembour lui-même? Non: une quelconque stéréotypie est d'emblée détruite par deux techniques: d'une part la profusion même du procédé, de l'autre le choix systématique de l'expression basse. Celle-ci disqualifie le jeu de mots dans ses éventuelles prétentions philosophiques. Et en s'exhibant, le calembour souligne le caractère intimidant, précieux ou totalitaire de l'effet «effet yau de poêle», qui vise à nous faire croire que la figure de style cache une vérité profonde, cachée aux yeux du profane. En montrant que tout est permis et que tout est possible, le calembour verheggenien récuse comme par avance tout dogmatisme.

Le calembour ne se contente pas de faire éclater les cadres convenus: il le fait, de plus, avec une forme réputée basse. Et c'est sa deuxième fonction: mettre l'accent sur le «corps» de la langue, sur son enveloppe matérielle. La pensée est pressée d'aller directement à l'idée? A faire l'ange, elle risque bien d'oublier que celui qui veut faire l'ange fait la bête. La citation de Prigent qui ouvre *Stabat Mater* (p. 144) nous en avertissait d'ailleurs: «Pour sortir de l'humanisme thanatographique du 'style' il faut faire langue avec: 1. *de la bêtise*: «refrains idiots, rythmes naïfs». 2. *de l'animalité*: «Je veux être une bête, un nègre» Rimbaud le fait. Sans nihilisme iconoclaste. Il le fait pour incarner ça dans du *sens* et pour l'incorporer à la 'culture', en avant, comme 'multiplicateur de progrès'»[9].

Mais le calembour n'est qu'une des expressions de l'écriture du signifiant, présente ici à travers de multiples autres techniques. Les sons s'appellent les uns les autres, les mots se lient «en rebonds musicalisés»[10]. Ce sont des chaînes de consonnes initiales identiques («Craspects, crados», «Les prêles. La peur»), parfois solidifiées par des échos dans le mot («De tartre terrestre croûtier», *P.P.*, p. 50). Des chaînes de mots rimant, et semblant ainsi faits les uns pour les autres, comme semblent se convenir «amour» et «toujours»: «Aux lombes./Aux couilles de colombe» (*P.P.* p. 64). Des chaînes de mots ayant la même structure syllabique: «Barda de ton cabas» (*Stabat*, p. 163).

Le plus souvent, toutes ces techniques jouent de concert, et créent des concaténations multiples, des intrications serrées, qui tendent à faire un magma[11] de ce que la langue nous livre comme distinct: dans la séquence «Nous étions liges. Lâches et lords callipyges. Lapicides ou saronides. Canéphores. Lampadophores. Milords ou oïnophores. Juniors. Mentors ou impresarios» (*P.P.*, p. 125), «liges», «lâches» et «lords» ont même initiale et même structure syllabique; «callipyges» prend le relais, en rimant avec «liges»; «lapicides» rétablit la chaîne de «l»interrompue par «callipyges» mais présente la même série de voyelles que ce dernier mot (a-i-i); «saronides» puis «canéphores» présentent une structure syllabique comparable, en modifiant progressivement l'enchaînement de voyelles (a-o-i, puis a-e-o), et ouvrent à une nouvelle série de rimes, ou «lampadophores» reprend le «l» du début...

Surtout, le texte est tout entier ordonné par la logique de la litanie.

Les divisions s'ouvrent par le même mot, la même phrase: «Libère-moi,/rasta,/de ton coco!/Libère-moi/salsa,/de ta sous-ventrière!/Oui!/Lèche-moi, Mater,/comme une bête ses petits dans sa tanière!/Lèche-moi/par ta charnière,/michetonnière!/ Lèche-moi/par tes glandes salivaires/d'en-bas!/Lèche-moi/dans cette révulsante position de Caca-Sûtra!/Oui!/Fais ta Marie Vezon et Râchura!/Fais aller ta langue en wallon!» (*Stabat*, pp. 175-176). La première partie de *Pubères, Putains* égrène, au début de ses paragraphes, ses «Nous vivions», «Nous aimions» (et ses variations: «Nous aimions beaucoup», voire «beaucoup ça», ou «nous adorions»), parfois relayés par des expressions moins fréquentes: «Nous osions», «Nous détestions»[12]. Cet aspect litanique est ponctué par des refrains qui évoquent Joyce[13]. Ce sont les «Oui!», comme autant de respirations profondes, dans *Stabat Mater*, ou les expressions courtes, isolées à la fin des paragraphes dans *Pubères, Putains*, d'autant plus frappantes qu'il s'agit parfois de simples adjectifs, détachés du nom qu'ils qualifient («Sanglantes», «Incognitos», «Vêlé»), de substantifs ne s'alignant pas toujours sur ceux qui les précèdent («Macchabée», p. 52, venant après une description du vol des insectes).

Première fonction: briser les associations convenues. Laisser sans cesse l'esprit en éveil, et le vacciner contre le langage tout fait. Même celui-là qui prétend lui aussi déconstruire (d'où l'irrespect vis-à-vis des «Barthes à la crème»).

Mais il s'agit de laisser vivre un langage pulsionnel. Non pas un langage primitif qui serait — on se demande bien comment — négation de la pensée: on est loin de tout poujadisme anti-intellectuel. Mais un langage qui puisse exprimer une pensée pulsionnelle elle-même, ou qui permettrait de penser la pulsion. La liaison des signifiants donne à l'ouvrage son «jaillissement sensationnellement sensoriel» (Prigent).

Comme pour renforcer ce caractère pulsionnel, l'œuvre de Verheggen, à l'instar de celle du Québécois Miron, est vouée à l'oralité. Son meilleur mode de diffusion n'est-il pas la lecture-performance? Mais l'oralité de l'œuvre réside aussi dans son phrasé: interjections, exclamations, refrains qui, loin d'apporter sa conclusion à un développement, figurent comme un halètement au milieu du flux verbal; ou encore phrases courtes, à la «syntaxe minimale» (Tricnaux): phrases sans verbes, consonnant avec l'éclatement de la pensée et celui du récit. Le verbe, avec son temps, son mode et son aspect, oriente nécessairement l'interprétation: son absence dans *Pubères, Putains* permet que jouent plus librement les associations entre les syntagmes, et contribue ainsi à l'ouverture du texte et à l'engendrement foisonnant de ses sens.

Car le langage est aussi engendrement, conception, fertilité. Et c'est une des parentés qu'il a avec le sexe et avec le corps.

LANGAGE DU CORPS

Pubères, Putains, c'est un peu le blason du corps enfançon. On connaît le genre littéraire du blason, illustré au seizième siècle par Clément Marot, Maurice Scève, Jacques Peletier, Maclou de la Haye, Bonaventure des Périers, Mellin de Saint-Gelais. Un blason décline, parfois délicatement, tout ce que l'on peut dire, à mots d'autant plus crus qu'ils sont détournés, de telle ou telle partie du corps féminin. C'est une sorte de cartographie, ou de guide topographique qui utilise les ressources de la poésie pour mieux distribuer les étoiles et les fourchettes. Poésie profane, qui détourne sur ce qu'il y a de plus charnel une rhétorique jusque-là servante du sacré. Qui brise et qui détaille le corps en ses parties pour mieux le recomposer comme corps réel. Qui s'interdit de parler de la femme comme un être fabuleux et inaccessible, mais qui la restitue à la vie et à la présence par le biais du fétichisme.

Chez Verheggen aussi, on numérote et on décrit les abattis. On le fait parfois en mots directs: «Nous aimions beaucoup enceindre notre bas. Circonvenir nos hanches. Enceindre notre dos. Nos rectos. Le derme couturé de notre peau» (*P.P.*, p. 53). Mais aussi à travers une profusion de métaphores: «De nos sacoches (...) De nos ampoules rectales (...) De nos leviers. De nos bracelets de colle. D'alvéoles. De cabochons. D'amidon. De clapets» (*P.P.*, p. 54). Mais le corps mis à nu n'est pas ici celui de l'autre. L'amour qui dit l'énumération des détails n'est pas celui d'un corps étranger et isolé: c'est celui d'un vaste corps collectif, dans lequel le *je* se fond.

Ce corps, on le découvre. C'est la prise de possession de soi, avec l'échange des découvertes, qui est celui de l'enfance finissante. Le jeu du touche-pipi est un savoir. Si Baudelaire disait «Je résolus de faire de ma volupté une connaissance», Verheggen pourrait, tout en y souscrivant, renverser la proposition, et faire de la connaissance une volupté.

Le corps est réputé bas, dans une société qui a réussi à le censurer. Tout l'effort de Verheggen va vers une interrogation sur la hiérarchie des valeurs et réhabilite le corps, comme sont réhabilités les langages bas.

D'où l'importance de la figure du porc — presque un anagramme de corps — dans les trois recueils ici réunis. Les cochons y grouillent: dans le titre de *Porches, porchers*, dans les images de *Stabat Mater* («Et toi,/porchère qui zozote/devant ton augée/de gargouillis d'enfant»!, p. 170), dans le petit traité d'élevage porcin que contient *Pubères, Putains*. C'est donc tout naturellement que J.-P. Verheggen a choisi, pour coiffer les trois textes, le titre collectif de *Pour l'amour d'un porc*. Ce syntagme étonnant conjoint, en une manœuvre qui nous est maintenant familière, un sentiment humain et un objet bestial, et peut même constituer un détournement de la formule «pour l'amour de Dieu». Double citation donc, puisque ce titre reprend celui que Christian Prigent — un complice de Verheggen au sein du groupe TXT — avait donné à une étude sur Rimbaud[14]. Au reste, ce regard particulier n'est pas sans précédent. On se souviendra que, dans son très symbolique film *Vase de noces* — censuré et peu compris —, le cinéaste Thierry Zeno met en scène un agriculteur solitaire qui s'attache à sa truie et en a trois enfants[15].

C'est que le porc se donnait d'emblée comme un puissant instrument de médiation carnavalesque. C'est en effet l'animal bas par excellence. Pure corporalité, il est lubrique, sale, gros, inélégant. Non seulement ses instincts sont grossiers mais, en outre, il est cruel: comme Chronos, la truie ne dévore-t-elle pas ses enfants? Mais d'un autre côté, il est irremplaçable. Tout est bon chez lui, il a la sociabilité aisée (ne dit-on pas «copains comme cochons»?) et symbolise la prospérité. Il peut même accompagner les saints... Mais surtout, il est lui-même agent de transformation et de renversement, de bas en haut comme de haut en bas: omnivore, il fait nourriture humaine de tout, même et surtout de ce qui est fermenté. Et puis, il est fouisseur. Il fouille et trouve. Inutile de lui jeter des perles: son odorat est assez subtil pour qu'il localise lui-même la précieuse truffe. Lui l'indigne, voué à cochonner tout ce qu'il touche, met au jour ce qui était caché, et sa grossièreté fait le don de ce qu'il y a de plus fin. Les grands récits de la littérature européenne n'ont pas manqué d'interroger ce rapport complexe entre l'humain et le porcin. Qu'on se souvienne de l'*Odyssée*, matrice de tous les romans: deux des compagnons d'Ulysse transformés en porcs ne refusèrent-ils pas de reprendre la forme humaine?

Est-il exagéré de dire que l'écrivain selon Verheggen est un peu cousin de ce porc médiateur? Comme lui il est fouisseur, ne méprisant pas la boue et la fange (qui sont le décor initial de *Pubères, Putains*) mais sachant y détecter la perle (Artaud: «L'écriture, c'est de la cochonnerie»). Comme lui toujours prêt à ingurgiter, mais aussi à rendre, toujours prêt à retourner ce qui prétendait être stable...

Les thèmes cochons abondent dès lors. L'ingestion et la digestion sont les premières choses que narre *Pubères, Putains*. Le lien entre la boue et la liberté y est très clairement établi. La naissance, souvent présentée comme le moment le plus pur de l'existence, est rendue à son animalité : dans *Stabat Mater*, l'accouchement, réclamé à grands hurlements par le nouvel homme («Nomme-moi», «Marécage-moi», «Machine-moi», «Appelle-moi», «Réapprends-moi»... sont les incipit de la litanie), est associé à toutes les fonctions excrétrices (selon la logique de la langue populaire, qui dit «pisser sa côtelette») : «Crachouille-moi», «Excrète-moi», «Pisse-moi», «Bouse-moi», «Crotte-moi», «Chatte-moi», «Urine-moi», «Glaire-moi», «Mollarde-moi»... Le tout est synthétisé par un savant mot-valise : «Sexecrète-moi de toi».

C'est que la naissance, désirée dans les cris de l'amour, ne va pas sans la souffrance, la violence, et l'humiliation. Et il en va ainsi de tout amour : dans le petit monde des *Pubères*, le lien fraternel qui s'établit avec les bêtes sait aussi cohabiter avec la cruauté.

L'ADOLESCENCE, OU LE DEGRÉ ZÉRO DU RÉCIT

Loin de tout réalisme, Verheggen a bien su peindre l'ambivalence carnavalesque de l'adolescence.

On sait que cet âge, notre société l'a inventé : là où le passage de l'âge enfant à l'âge adulte était directement géré, grâce à une série de rites, elle a «inventé» (dans les deux sens du terme, l'un d'entre eux étant «découvert») et dorénavant fait vivre une période intermédiaire caractérisée non seulement par des traits somatiques et des attitudes psychologiques spécifiques, mais aussi par de nouveaux rôles sociaux, affectant notamment l'économie de la consommation. C'est à la même restructuration du corps social, qui vise à multiplier et à diversifier les besoins, qu'on doit l'invention de catégories nouvelles comme la préadolescence, l'âge de la carte vermeil et la tranche 40-60.

Verheggen ne joue pas au sociologue : il n'entre pas dans ces considérations. Chez lui, point de clivage qui donnerait à chaque âge son assise et son statut.

Son adolescence à lui est entière et double : entièrement adulte, entièrement enfantine. Enfantine, elle l'est par la perversité tranquille, par l'absence des contraintes que font peser sur le moi les responsabilités dans la société. Adulte, elle l'est par la liberté conquise, par la pleine possession des moyens. D'où cette impression de force et de fragilité mélangées. Force qui vient de ce que chaque âge vécu l'est pleinement, faiblesse qui vient du choc des âges, entrevu en soi-même.

Un âge total donc. Vécu loin du vraisemblable romanesque, où l'enfant est mis ou remis à sa place — qui est subalterne — dans une structure familiale rigoureusement absente de *Pubères, Putains*, et où l'adulte a le pouvoir et l'initiative. Vécu loin des poncifs de la littérature de jeunesse, où le héros, éternellement jeune, malignement supérieur aux adultes, apparemment libre des contraintes sociales, a pour mission de rendre plus ordonné un monde où s'affrontent le bien et le mal, peints en couleurs tranchées.

L'enfance, ou l'adolescence — on ne sait plus — de Verheggen est la négation de tous ces clivages. Ce n'est pas qu'elle ignore la société globale : elle se souvient du petit catéchisme du dimanche et a même entendu parler de la lutte des classes. Mais son monde est autonome, et met comme à distance le monde adulte, ne le rencontrant que pour le piéger, ou pour lui opposer le rire destructeur. Autonome, il nie l'ordre qui met chacun à sa place. Qui distingue la vérité du mensonge (*P.P.*, section II,5) et le monstrueux du normal (section II,4). Ses enfants font tout ce qui est réservé (ou interdit) à l'adulte, comme sans conscience de ce qu'ils abolissent par là les distinctions qui fondent la société : « La régression était notre grand bonheur ! (...) Nous aimions le sommet et la base, sans relais ni étais. L'obliquité. L'ambivalence. Les phases oscillantes. (...) Nous tenions la contradiction pour une science infuse » (*P.P.*, pp. 69-71). Cet âge total est donc à l'image d'un univers qui serait en deçà de toute opposition structurante. A commencer par celle du *je* et du *nous*. L'acteur de *Pubères* est un *nous* imprécis qui n'est pas autrement identifié que par ses sections, et qui illustre bien la polyphonie carnavalesque. Le *je*, dont la naissance physique est si douloureuse, peine à en émerger : les combats de la section I,8 miment la construction de soi dans l'opposition à l'autre, mais, même sanglants, ces combats restent ludiques.

Les meilleurs instruments de transgression restent les mêmes depuis les origines de l'humanité : l'excrétion, le sexe. Comme le reste, la sexualité est ici totalisante : elle n'a pas d'objet, de prédilection. D'où la présence d'une homosexualité sans culpabilité ni militance.

Mais c'est ici aussi que nous retrouvons l'acteur unique des textes verheggeniens : le langage. Car c'est dans le même mouvement que les héros de *Pubères, Putains* procèdent à tous les attouchements imaginables et que l'auteur joue sur toutes les rencontres phoniques possibles. Les uns donnent des mots au sexe, l'autre fornique avec un lexique luxuriant et insoupçonné. Verheggen veut réveiller la bête qui somnole dans le langage. Le porc qui sommeille en tout locuteur.

Ce livre qui est un récit raconte la parabole du langage, ou plus précisément la naissance du langage. Et Verheggen retrouve ici Joyce, qui décrivit, dans la seule journée où se passe *Ulysse*, l'avènement de toutes les variétés réelles ou potentielles de la langue anglaise.

Un langage transgressif et habité de forces explosives, qui n'est ni le langage prétendûment innocent de l'enfance ni le langage accompli de l'adulte ayant compris le jeu des variétés légitimes. « Ce livre — commente Prigent — ne vit pas de l'illusion (puérile, justement) qu'il existe une langue à l'état sauvage, un parler brut, le borborygme originel de l'espèce. Mais il ne vit pas de l'illusion symétrique qui voudrait qu'on 'raconte' l'enfance dans la langue amincie qui cadre les 'souvenirs' alignés dans la reconstruction romanesque. C'est le livre le plus cultivé, le plus savant qui soit. Il raconte ce dont la langue s'est coupée pour qu'en elle se fonde le lien qui noue les petits d'hommes à des hygiènes, à des morales, à des choix idéologiques, à des récits coagulants. »[16]

La forme choisie est à l'avenant. En dépit de son sous-titre, *Pubères, Putains* n'est pas un *récit*[17], mais un ensemble de propositions toutes plus directes les unes que les autres. C'est qu'un récit suppose toujours un début et une fin, et, entre les deux, un cheminement. Comme s'il y avait un désordre initial, que l'ordre devrait venir racheter, ou un ordre susceptible d'être troublé par un désordre redouté. Désordres auxquels la «reconstruction du temps romanesque» devrait mettre bon ordre. Cette pensée, le grand contempteur du genre narratif qu'est Verheggen la récuse: «L'idée même de récit (...) m'est insupportable; son côté ficelé, prémâché, achevé — Mange, mange, c'est du positif», *Le Degré Zorro...*, p. 51). L'adolescence de Verheggen n'est pas un récit, état intermédiaire entre deux états: c'est un ensemble d'instants qui s'oppose à l'ordre narratif, puisqu'il fait instantanément coexister les tensions de la vie.

Pourtant, le livre commence bien comme un récit classique. L'imparfait de «nous vivions» semble bien être conforme à sa mission habituelle: planter le décor, comme dans une bonne composition française. Le décor des lieux et du temps, sur lequel l'action viendra brocher...

Mais la suite n'est pas conforme à l'attente du lecteur de romans. Les passsés simples et les passés composés, temps de la narration proprement dite, se font attendre. Et même pas un présent narratif à se mettre sous l'œil! L'imparfait, ce temps subalterne, est là, rendu lancinant par la technique de la litanie. Il occupe toute la scène, et s'arroge la place de l'action. Mieux: c'est lui qui prend les actions en charge, les assume, les phagocyte, en les fondant dans le décor.

L'opposition classique entre cadre et action, ainsi prise d'assaut, s'estompe dans un magma primaire. Dans le passé indistinct et sans contours nets que dit d'habitude l'imparfait. Un temps près de la vie, puisqu'il peut parfois dire le moment présent, ou même le futur proche (dans «j'étais le papa»)[18].

Le texte, qui n'est pas récit, est en puissance de récit: il contient toute les forces qui peuvent faire avancer la narration, tous les éléments qui peuvent exploser en événements. Le texte de Verheggen se réserve. Est une réserve. Sa forme signifie ainsi puissamment les énergies contenues dans l'enfance. Qui s'alimentent à leur propre dépense.

Mais cette force semble condamnée au néant. Le récit, et l'ordre, guettent. Il faut toujours sortir de l'enfance et de l'adolescence. Une malédiction pèse sur tous les Peter Pan, même paniques. Sans doute est-ce pour cela que *Pubères, Putains* se termine par la mort. Cette mort présente dans tous les textes de

Verheggen, qu'une lecture superficielle fait passer pour un amuseur pétant de santé ; une mort universelle et sans drame, comme inéluctable.

La mort est liée à la réapparition du temps, jusque-là suspendu. Le livre s'ouvrait «au bord d'un été», dans une «atmosphère de touffeur dense» (*P.P.*, p. 50) et dans une végétation luxuriante. Cet été semblait ne pas être saison, mais état. Le lecteur ne prend pas garde aux quelques notations de temps qui parsèment le texte (p. 88). Les temps dépassant l'humain se mélangent, comme le montre la triade bien rimbaldienne «Au déluge./Aux enfers./Au début» (p. 71), dont l'ordre n'est pas innocent : c'est bien un éternel temps des débuts qui régit le pseudo-récit. Mais voici que la fin, où la formule «nous aimions» s'est d'ailleurs faite rare[19], annonce une autre saison («l'hiver»), une date («Le premier vendredi d'octobre»), et donc la remise en marche de la grande roue. Comme en hoquetant, le texte laisse échapper deux passés composés et se laisse pénétrer par le récit. Puis ce sont trois passés simples, temps de la narration par excellence, et temps d'un passé mort : «Nous mourûmes» (p. 130).

Comme dans le carnaval, la vie se nourrit de la pulsion de mort. La mort du récit engendre, chez Verheggen, la naissance du langage.

NOTES

1 Édité par Jacques Sojcher, Éd. de l'Université de Bruxelles, 1980.
2 Voir *Un pays d'irréguliers*. Textes et images choisis par Marc Quaghebeur, Jean-Pierre Verheggen et Véronique Jago-Antoine, Bruxelles, Labor, 1990.
3 Voir la biographie en annexe.
4 Voir la rubrique «Contextes».
5 L'édition originale porte «Même les fous (dont nous venions).»
6 A. Tricnaux, *Jean-Pierre Verheggen*, n° 22 des *Dossiers L.*, p. 6).
7 Passage bien commenté par A. Tricnaux, *op. cit.*, pp. 5-8.
8 Dans ce qui suit, et pour ne pas surcharger inutilement l'exposé, je donne à «calembour» un sens large, incluant une classe de procédés métaplastiques parmi lesquels l'à-peu-près, le mot-valise, l'antistrophe, le pataquès, etc.
9 Christian Prigent, *Pour l'amour d'un porc*, in *Rimbaud à neuf*, n° de la *Revue des Sciences humaines* (Université de Lille III), t. LXIV, 1984, n° 193.
10 Christian Prigent, *La langue et ses monstres*, Cadex éditions, L'Ostiaque, 1989, p. 148.
11 «Magma mia»: ainsi Verheggen définit-il la langue maternelle...
12 Les formes en «-ions» ouvrent 65 % des paragraphes, mais 95 % de ceux qui excèdent une ligne.
13 Voir la rubrique «Contexte».
14 Voir note 9. Prigent démarque, quant à lui, la phrase de Rimbaud: «J'ai aimé un porc».
15 Jean-Pierre Verheggen a été le dialoguiste d'un film envisagé par Zéno (qui, soit dit en passant, provient aussi du Namurois, comme son acteur-agriculteur). Ce projet n'a pas abouti. L'écrivain et le cinéaste éprouvent en outre tous deux une fascination pour un troisième pornographe namurois célèbre: Félicien Rops, que les porcs ne laissaient pas non plus indifférent.
16 Prigent, *op. cit.*, p. 149.
17 Ou alors, à la rigueur, un récit «construit sur le modèle irréaliste socialiste», p. 88.
18 Ce qui est bien vu par Prigent: «L'implacable imparfait produit, mixe de sexe, d'excrément, de matière phonique, un son de fond de langue» (p. 151). Plus loin: «Ce n'est que dans la fiction, dans l'imparfait, dans l'utopique imperfection de la fiction, que l'on peut dépasser la fiction de passé qu'on cherche à nous faire prendre pour la, pour notre réalité» (p. 52).
19 Elle ouvre 51 % des paragraphes de la première partie (59 % si l'on tient compte des synonymes), 43 (ou 47) % de la seconde, mais 16 %, puis 0 % de la troisième et de la quatrième.

CONTEXTES

Queneau : une langue française bien pâle

Pour Verheggen, comme pour les auteurs du groupe TXT, « l'écriture produit de la pensée » et, à l'inverse, « on ne pense pas sans inventer une langue ». Un écrivain français majeur de ce siècle, nourri de Joyce, a fait du renouvellement du langage un des thèmes de son œuvre : c'est Raymond Queneau (une des figures marquantes d'un Collège de 'Pataphysique, qui sut s'interroger sur la hiérarchie des « valeurs »). Dans un article intitulé *Langage académique*, il montre les freins que la langue académique et sclérosée oppose à toute pensée neuve.

Nous l'a-t-on ressassée, cette histoire de Malherbe et des crocheteurs du Port-au-Foin. « Quand on lui demandait, dit Racan, son avis sur quelques mots de français, il renvoyait ordinairement aux crocheteurs du Port-au-Foin et disait que c'étaient ses maîtres pour le langage. » J'eusse (si j'ose dire) volontiers fait grief à l'A. F. (j'entends l'Académie Française) de ne pas en avoir fait autant, si la consultation d'un dictionnaire (ma foi, l'érudition a ses limites) ne m'eût appris que le fameux

Malherbe en question, un poète, n'était mort six ans (plus ou moins) avant la création de l'A. F. (voir plus haut l'explication de ces initiales).

Bien que parmi les premiers académiciens il y ait eu des disciples de Malherbe, on ne cite aucun exemple, à ma connaissance, d'académicien qui, sans épée ni bicorne, soit allé discuter le coup avec quelque bon pote grammairien de la Butte-aux-Cailles ou de Houilles (Seine-et-Oise). Foin des souteneurs! l'académicien ne connaît comme mère maquerelle qu'une espèce de momie embobinée en mille lanières d'in-folio, peu après la mort de Furetière, concurrent redoutable de l'A. F., puisque enquêteur ès termes de métier.

Le latin étant mort avec le tabac à priser versé dans la tasse de Santeuil (une allusion pour les érudits), il a bien fallu reconstituer une langue immuable factice et desséchée, celle de l'Aufklärung et du rationalisme voltairien, pas méprisable du tout, un fameux phénomène de grammaire, mais qui handicapa diablement les écrivains sur le ventre desquels le XIXe siècle appuya sa charnière.

On vit encore là-dessus. Mais est-ce bien là le sort de la langue française? Cette algèbre du rationalisme nioutonien, cet espéranto qui facilita les tractations de Frédéric de Prusse et de Catherine de Russie, cet argot de diplomates de jésuites et de géomètres euclidiens demeure censément le prototype, l'idéal et la mesure de tout langage français.

Il est lamentable d'avoir à multiplier les truismes; or le plus vulgaire, dans ce domaine, est tout simplement qu'on ne parle plus comme au temps de Bossuet. Remarque enfantine et pourtant rare, puisque quasiment personne n'ose en tirer les conséquences évidentes.

Les gens qui ont de la lecture s'étonnent de la survie de la littérature latine. Il leur paraît curieux que de Thou ait écrit son histoire en latin, Nioutone ses *Principia*, et Baumgarten son *Esthétique*. Or c'est là fait courant dans notre civilisation contemporaine.

Nous parlons deux langues, tout comme les Grecs; la «catharevousa» (langue pure) est usitée par les journalistes et les fonctionnaires; la «démotique» (populaire) par les poètes. Malheureusement, ici, à quelques rares exceptions près, les poètes parlent la langue «pure» et les fonctionnaires et les journalistes aucune langue du tout.

Un jour, Jean Paulhan m'a communiqué une citation d'un sage chinois, dans laquelle il était question d'un empereur qui, pour réformer les mœurs, commençait par changer les signes, expression du langage. On peut se demander (et répondre dans un sens positif sans beaucoup d'hésitations) si les fonctions efficaces d'une véritable Académie ne seraient pas justement une action *à propos* de la langue française pour en transcrire et en préparer les nouveaux aspects.

Tout le monde sait que la langue «évolue», comme on dit. Tout le monde sait qu'on ne parle pas comme au temps du *Serment de Strasbourg*, ni comme au temps de Rutebeuf, ni même comme au temps de Béranger. C'est d'une banalité à faire pleurer.

Cependant, que l'on propose comme travaux sains (et sanitaires), à une Académie idéale non pas d'entériner les formes syntaxiques ou les nouveautés lexicologiques, mais bien de préparer la mort du français sclérosé actuel et les possibilités d'une langue nouvelle, je crains que *cela* ne terrorise les habits verts. Et pourtant, il me semble évident que la vie d'un pays dépend de celle de son idiome propre. On ne peut soigner la France sans lui dire: «Tire ta langue.» Elle la tire. Moi, je la trouve un peu blanchâtre. Ces sacrés habits verts la soignent mal. Il faudrait qu'elle soit un peu plus rose, cette langue. Un peu plus rose — au moins.

> Raymond Queneau, «Langage académique», dans *Bâtons, chiffres et lettres*, Paris, Gallimard, 1965, coll. Idées, pp. 49-52 (éd. revue; l'article a d'abord été publié dans *Les Lettres françaises* en 1946).

Larousse: le porc, une personnalité riche et lubrique

Le porc a alimenté bien des imageries, et la charge symbolique qui lui est attachée est forte: qu'on songe aux cultures où règne l'interdiction de consommer sa chair. Le très long article *cochon* du vénérable *Dictionnaire Universel du XIXe siècle* de Pierre Larousse — 11 colonnes serrées de ce grand in-folio — témoigne de la puissance de l'imaginaire porcin ; il constitue aussi une véritable défense et illustration du porc, dans le discours généreux et naïf du rationalisme positiviste.

Le porc, comme l'âne, inspire peu de sympathie. C'est un animal immonde, a-t-on coutume de dire. Buffon dit de lui qu'il est l'animal le plus brut ; que toutes ses habitudes sont grossières, tous ses goûts immondes. Il ne serait pas difficile de prouver que ce portrait peu flatteur est souverainement injuste. Si nous entreprenions cette tâche, bien des gens pourraient crier au paradoxe ; mais le pauvre, lui, trouverait peut-être que nous avons raison. En fait et naturellement, le cochon n'est ni plus grossier, ni plus immonde que n'importe quel autre de nos animaux domestiques ; si parfois il se déprave, n'en accusons que notre incurie. Dans notre temps, où les saines notions économiques font heureusement leur chemin, on revient presque partout de ces idées singulières qui faisaient d'un animal utile entre tous une chose abjecte et immonde dont les regards se détournaient avec dégoût.

Les mœurs du cochon domestique diffèrent peu de celle du sanglier ; toutefois il a acquis une lubricité sans exemple dans les autres animaux et une voracité que rien ne dégoûte. Il est omnivore dans le sens le plus large du mot. Il mange également de la chair et des végétaux. Son robuste estomac digère les substances les plus dédaignées, et qui sans lui n'auraient aucun emploi. A l'état sauvage, la laie ou femelle des sangliers n'entre en rut qu'une fois par an ; la truie domestique recherche presque constamment le mâle ou verrat, même pendant qu'elle est pleine. Elle fait deux et même trois portées par an. Elle dévore souvent ses petits au moment de leur naissance, si l'on n'a pas soin de l'en empêcher. Chaque portée se compose de six à seize petits, suivant les variétés ; dans la race cochinchinoise, on compte même jusqu'à vingt petits pour une seule parturition.

Les porcs aiment beaucoup les aliments fermentés. On obtient ce commencement de fermentation par une macération d'un jour ou deux dans les eaux ménagères et les résidus laitiers. Cette pratique habituellement suivie dans nos campagnes serait excellente de tout point, si on savait se renfermer dans de justes limites. Malheureusement, il est rare qu'on agisse ainsi. Au lieu de laisser simplement macérer les aliments pendant un jour ou deux, c'est un séjour de plusieurs semaines qu'on leur fait subir dans des tonneaux ou des baquets spécialement affectés à cet usage. Nul doute que ces matières entièrement fermentées, ou pour mieux dire putréfiées, n'exercent une fâcheuse influence sur la santé des animaux. A défaut de macération, on fera bien de donner des aliments cuits: les porcs digérant très vite, la nourriture doit toujours être distribuée sous forme molle, plus ou moins liquide. Les substances dures et coriaces sont mal digérées; bien que les cochons soient essentiellement omnivores, leur alimentation demande un certain choix.

Pierre Larousse, *Grand Dictionnaire universel du XIXe siècle*, t. IV, 1869, pp. 509, col. 6 — 511 col. a

Joyce: le flux du verbe

Ulysse (1922), de James Joyce, raconte une seule journée. Mais dans ce roman s'engouffre toute l'histoire de la langue anglaise, et toute celle de la culture. Tout s'y dilue dans le langage, qui construit les êtres et leurs choses. *Ulysse*, qui fut interdit pour pornographie (accusation souvent lancée contre Verheggen), donne la parole à toutes les parties du corps: le flux de la parole épouse étroitement l'intensité des sensations. Joyce est à l'origine de l'attention portée au «courant de conscience», surtout exprimé par la technique du monologue intérieur. Un des thèmes du monologue final de Molly Bloom, ponctué par ses célèbres «oui!», est la naissance de la langue, que l'on retrouvait dans *Stabat Mater*, monologue lui aussi ponctué de «oui!».

Le jour que je l'ai amené à me parler mariage oui d'abord je lui ai passé le morceau de gâteau au cumin que j'avais dans la bouche et c'était une année bissextile comme cette fois-ci oui il y a 16 ans de ça mon Dieu après ce long baiser j'en avais presque perdu le souffle oui il a dit que j'étais une fleur dans la montagne oui c'est bien ça que nous sommes des fleurs tout le corps d'une femme oui pour une seule fois il a dit quelque chose de vrai et c'est pour vous que le soleil brille aujourd'hui oui c'est pour ça qu'il m'a plu parce que je voyais qu'il comprenait ou qu'il sentait ce que c'est qu'une femme et je savais que je pourrais toujours en faire ce que je voudrais et je lui ai donné tout le plaisir que j'ai pu pour l'amener à me demander de dire oui et d'abord je ne voulais pas répondre je ne faisais que regarder la mer et le ciel je pensais à tant de choses qu'il ne savait pas à Mulvey et M. Stanhope et Hester et à père et au vieux capitaine Groves et aux marins qui jouaient à pigeon-vole et à saute-mouton et à pète-en-gueule comme ils l'appelaient sur la jetée et la sentinelle devant la maison du gouverneur avec la machine autour de son casque blanc pauvre bougre à moitié grillé et les petites Espagnoles qui riaient avec leurs châles et leurs grands peignes et la criée le matin les Grecs et les Juifs et les Arabes et dieu sait qui encore des gens de tous les bouts de l'Europe et Duke Street et le marché à la volaille tout gloussant devant chez Larby Sharon et les pauvres bourricots qui trébuchaient à moitié endormis et les types vagues dans leurs manteaux qui dormaient sur les marches à l'ombre et les grandes roues des chariots pour les taureaux et le vieux château vieux de centaines de siècles oui et ces beaux Arabes tout en blanc avec des turbans qui sont comme des rois qui vous demandent de vous asseoir dans leur petite boutique de rien et Ronda et les vieilles fenêtres des posadas de deux yeux de feu derrière le treillage pour que son amoureux embrasse les barreaux et les cafés entrouverts la nuit et les castagnettes et la nuit que nous avons manqué le bateau à Algésiras le veilleur qui faisait sa ronde serein avec sa lanterne et O cet effrayant torrent tout au fond O et la mer écarlate quelquefois comme du feu et les glorieux couchers de soleil et les figuiers dans les jardins de l'Alameda et toutes les ruelles bizarres et les maisons roses et bleues et jaunes et les roseraies et les jasmins et les géraniums et les cactus de Gibraltar quand j'étais jeune fille et une Fleur de la montagne oui quand j'ai mis la rose dans mes cheveux comme les filles Andalouses ou en mettrai-je une rouge oui et comme il m'a embrassée sous le mur mauresque je me suis dit après tout aussi bien lui qu'un autre et alors je lui ai demandé avec les yeux de demander encore oui et alors il m'a demandé si je voulais oui dire oui ma fleur de la montagne et d'abord je lui ai mis mes bras autour de lui oui et je l'ai attiré sur moi pour qu'il sente mes seins tout parfumés oui et son cœur battait comme fou et oui j'ai dit oui je veux bien Oui.

James Joyce, *Ulysse*, Paris, Gallimard
1982, Coll. Folio, tome II.

Prigent : TXT

Verheggen fait partie du groupe TXT, qui n'a cessé d'illustrer la naissance et la libération du langage. On pourra comparer les textes de Verheggen avec ceux de son complice et commentateur, Christian Prigent. Dans cet extrait, et parallèlement à Verheggen, Prigent commente à sa manière l'œuvre classique qu'est *La Tempestà* (L'orage) de Giorgio Barbarelli da Castelfranco, dit Giorgione (1477-1510). On sera attentif à la communauté des thèmes (la naissance, le corps, la fusion avec la nature) et à celle des rhétoriques (le mélange des niveaux).

C'est avant les entretiens mais juste après le parler chien, juste au moment d'après le juste-avant après la tempête quand fallait vitalis aeris auras volvere in ore juste à l'orée des prononciations parmi l'orage des molosses et les cris des coqs avant d'incarner les noms dans des explications de dépliements d'actions désempestées du jet d'sperma qui nous produisit sur les descentes de vie du lit de nos ininsomnies. C'est ça qui implosa puis exdans le boum ! boum ! boum ! bouboumboum ! d'avant les debout làd'dansoulpresent ! Ça laisse des traces, des salves salivées, dans ce qu'on voit ibi et nunc du plancher en gazon peinturé. Les verts que fit la trouille de l'atmosphère perturbent encore la chair que ça expoussa dans une glairière comme concentré d'la bière qui moussait derrière. Premier produit scénique du plop qu'a gluti l'orage : une mère. Dans une autre vie elle fut une grand-mère elle passa en vélo près des Salles Dullo on voit encore sur ce tableau la position vélocipédique de ses pattes arrière mais le vélo, zéro. C'est que la mère peut pas tout faire. Celle-ci fut fort occupée, à peine plue par l'air, à pondre une chair qui lui pompe déjà ses jus d'intérieurs. Elle est d'ailleurs encore même pas bien rassemblée, bien constituée, bien dépatrouillée du crachouillis des éclairs, elle a oublié son second nichon dans le fond, tu vois ce dôme pas encore domestiqué pas encore mastiqué en nanatomie, qu'on a douplíqué en fond d'utérus, c'est resté planté comme une mosquée un mausolée une sorte de coupole qui cuve son esseulement d'avant tout remembremaman. Le Grand-Zutérus a donc zigzagué son premier démembrané zoominidé : Adame, chair de dame quasi intégrale, moins un sein. Adame, ex-amas d'ozone, a ainsi vêtu sa peau d'amazone. Mais du fait de ce manque mammaire qui persévère dans les matières elle est encore maquée à l'acide matrice des pluies attristantes. Elle a encore, emmi ces verdures, ces liquides, un côté bouée, poupon pneumatiqué, elle a d'ailleurs lâché un pet à cause des azotes qu'elle a en trop dans sa nonculotte, on voit ce condensé hydrogènomminisé lui nimber le pétard comme un truc en plumes débourresoufflé du fessier, sic geruntur per totum inane res, pschttt ! présent ! Suite des productions du Grand-Utéron : grâce à une métonymie à quoi nous habituent les théogonies, le con nu d'Adame duplique impec le Grand-Con-des-Nues. Icelui, qu'a zébré un cri prestidigi, borborygma un bis de plop, ça pulsa en viande un œufant testard ventousé presto au nichon d'Adame.

Christian PRIGENT, *Commencement*,
Paris, P.O.L., 1989, pp. 117-120.

Cliff : la solitude des langages

Derrière l'inoffensive image d'un Verheggen rigolo se cache un Verheggen tragique. Chacun de ses textes ne parle-t-il pas de la mort, de sa mort ? Le langage est chez lui le produit des pulsions d'un moi intime, mais il est aussi instrument d'une communication toujours impossible. L'intensité et le caractère compulsif de la production sont à la mesure du caractère désespéré de la tentative. Chez un autre écrivain wallon, de la même génération et de la même région que Verheggen, et dont les œuvres consonnent avec *Pubères, Putains*, on retrouve la même souffrance devant le langage. Le texte qui suit convoque quelques-unes des figures de la pensée contemporaine ayant marqué Jean-Pierre Verheggen.

(Contre Nietzsche, Bataille, Artaud et quelques autres.)

J'arrête avec mon frère un langage pour nous entendre
nous tissons obstinément un sens à travers l'immense
confusion qui nous assaille et voudrait nous submerger
nous échangeons la langue et n'être plus des étrangers
pulsant je ne sais quel ego dans un brouillard de cendres

Nous luttons pour diffuser entre les hommes un jargon
énorme et de plus en plus compliqué nous nous battons
pour la mathématique les théories et les systèmes
métriques pour les conjonctions et les conjugaisons
pour la forme cyclique nous voulons renverser le thème
inopérant de moi qui songe avec des mots abscons

Personne n'a le droit de chiffonner notre langage
aux fins sordides du néant ce très ancien héritage
nous le devons approfondir et enrichir car c'est le sang
sacré qui nous fait vivre et traverser au long des âges
l'abîme et ses délires et ses hoquets engloutissants

Et je travaille avec mon frère aux portes du sarcasme
main tendue remplie de mots nous échangeons contre
[les spasmes
idiots de la paranoïa la douce connivence
d'une grammaire universelle où chacun à la rame
fait fendre au grand bateau humanité l'incohérence
de ses propos vers l'horizon d'une harmonie plus calme

William CLIFF, *Écrasez-le*, Paris,
Gallimard, 1976, pp. 39-40.

Roche : la diction énergumène

La poésie contemporaine s'interroge volontiers sur la validité de l'écriture. Mais comment dire, autrement que par «les mots de la tribu», la vanité de l'expression, comment échapper à la poésie, pour dire que la poésie est un leurre ? Le moyen consiste sans doute à convoquer des bribes de discours distincts et à les faire jouer l'une contre l'autre. Le poète, autrefois considéré comme un inspiré, devient ainsi un «énergumène», défiguré par sa pratique, et déréglé par sa passion, pariant contre les mots avec des mots. Denis Roche — qui met en scène «le hilare et le barbu» (dans lequel on croirait voir Verheggen) — est un de ceux qui ont le mieux compromis les mots dans la trivialité où ils mènent nécessairement.

La poésie est inadmissible. D'ailleur elle n'existe pas.
Je l'ai quittée une semaine auparavant
Disant : «cette vie vécue des nues d'entre nous
Et répétant qu'il le minéral du temps du vent
Je regarde par la fenêtre de ce flambant neuf
Hélas, pot, crassier, enflure gigantesque appeau
Je remonte, sans m'en donner la peine, l'épais
Tapis de chemins étroits, confondus, oléagineux
Coulis de saine envie enfilant fesse après fesse
A l'écharpe agitée depuis le bastingage d'août
Dernier. Rien n'y fait. De toute façon. Le
Marbre surgit et soutire tout à l'haleine. Et
Elle sourit parce que visiblement elle ne peut
Rien faire d'autre. Sinon, évidemment me jeter
A la tête quelque aliment dont la vulgarité ne
Fera qu'ajouter au mystère.

Denis Roche, *Le Mécrit*, Paris, Le Seuil, 1971.

ÉLÉMENTS BIOGRAPHIQUES [1]

1942 Verheggen naît, le 6 juin, à Gembloux.
Papa d'origine française, rédacteur à la S.N.C.B. après avoir tenu une librairie-journaux à Bruxelles (famille de maquignons et de bouchers, émigrés à Orléans à la fin du XIXe siècle), maman wallonne (famille d'artisans, à l'enseigne de la « Coutellerie Le Président, fournisseur de la Cour Royale »). Étude des borborygmes et du baragouin.

1945-1948 Prime enfance à Trémouroux (Franière, Basse-Sambre namuroise), chez un oncle et une tante. Étude de la langue wallonne et vernaculaire.

1948-1960 École, chez les Maîtres (laïcs), avec J.-Cl. Pirotte (et non chez les Frères, comme William Cliff, autre Gembloutois de la même génération littéraire). Étude de la belle langue française.

1960-1962 École Normale de Nivelles (classe de Raoul Vaneigem). Étude des niveaux de langue et de langues plus souterraines.

1961 Mariage précoce (étude des langues d'amour) avec Gisella Fusani, de Carrare (étude de la langue italienne). Naissance de Jannick (1962) et Sabrine (1963).

1963 Études de philologie romane à l'Université de Bruxelles, interrompues pour appel sous les armes.

1964 Séjour à l'hôpital militaire de Berchem, section neuropsychiatrique, pour faits d'objection de conscience (la loi belge sur l'objection de conscience date de 1964). Étude des langues de répression et d'humiliation.

1965 et jusqu'à ce jour : enseigne le français à l'Athénée Royal de Gembloux. En 1965, intérêt pour *Tel Quel*.

1967 Premiers textes publiés (par Aragon, dans *Les Lettres*

1 J'ai bénéficié, pour établir cette bio-bibliographie, du précieux concours de J.-P. Verheggen. C'est notamment lui qui met le lecteur au courant de ses nombreuses études de langue.

françaises). Premier volume en 1968 (période de publication intense): *La Grande Mitraque* (voir la bibliographie).

1969 Rencontre de Christian Prigent. Entrée au groupe et à la revue TXT (Rennes). Amitié avec Éric Clemens et Yves Froment.

1971-1976 De 1971 à 1973, publie moins (en 1974: *Le Grand Cacaphone*). Activisme maoïste (étude de la langue de bois), dont l'influence se fera sentir dans *Le Degré Zorro de l'écriture* (1978), *Divan le terrible* (1979), et plus tard (en 1981) dans *Vie et Mort pornographiques de Madame Mao*.

1975 Déshonore la Radio belge de langue française, section namuroise. Avec Jacques Honet et Marc Rombaut, création de l'émission Idem (qui débouchera sur les deux événements que furent *Le Récit et sa représentation* et *Les Minorités dans la pensée*) [1].

1979-1983 Seconde période de pblication intense: chroniques dans *Libération*, volumes (voir la bibliographie), représentation de *West Sade Story (Pornowallie)* par le Théâtre-Poème (Bruxelles, Paris, Nanterre).

1985 Début de séances de lectures-performances. *Pubères, Putains*, qui vient d'être publié, fait l'objet d'une lecture [2] au «Centre Wallonie-Bruxelles» de Paris. *Stabat Mater* (1986) fera aussi l'objet de nombreuses performances.

1990 Après l'ère de la belgitude et de *La Belgique, malgré tout*, Verheggen ouvre l'ère de la «Belgique plus que jamais», avec *Les irréguliers du langage* et *Les Folies-Belgères* (publiées parallèlement à *Artaud Rimbur*).

1 Que Verheggen caractérise de la sorte: «Derrida à Saint-Hubert» pour le premier, «Catherine Ringer, les Rita Mitsouko à Namur» pour le second. Voir la bibliographie.

2 Que Verheggen qualifie d'électro-choc.

CHOIX BIBLIOGRAPHIQUE

I. ŒUVRES DE J.-P. VERHEGGEN EN VOLUMES

La Grande Mitraque, Arguments de Jean L'Anselme et d'André Miguel, Bruxelles, Henri Fagne, collection Espaces, 1968, 48 (52) p.

Le Grand Cacaphone, Préface de Norge, Illustrations de Cécile Miguel, s.l. (Paris), Guy Chambelland, éditeur, 1974, 60 (64) p.

M'Violence, c'est m'Violangue, Illustrations de Daniel Busto, Villeneuve-la-Guyard, Christian Prigent éditeur, collection TXT, n° 8 (plaquette).

Six lettres à Andreï Jdanov, Bruxelles, Maxime Benoît-Jannin éditeur, 1977 (plaquette).

Le Degré Zorro de l'écriture, Paris, Christian Bourgois éditeur, collection TXT, 1978 (a.i.: 1977), 145 (146) p.

Divan le terrible, Paris, Christian Bourgois éditeur, collection TXT, 1979, 172 (176) p.

Bravo!, Illustrations de Pierre Lucerné, Rome, Villa Medicis, Muro torto, 1981. Même titre, Illustrations de Mathias Pérez, Rome, Villa Medicis, Muro torto, 1983 (plaquette).

Vie et Mort pornographiques de Madame Mao, Paris, P.O.L., Hachette-Littérature, s.d. (1981), 122 (128) p.

NiNietzsche, Peau d'Chien!, fiction, s.l.n.n. (Paris, A. Avila), collection Limagimère, TXT/Limage 2, 1983, (83) 88 p.

Devoirs de vacances, Aquarelles de Mathias Pérez, Montmorency, Carte blanche, 1983 (plaquette).

Porches, Porchers, Avec deux linogravures de Mathias Pérez, Montmorency, Carte blanche, 1983, 40 (46) p.

Pubères, Putains (récit), Paris, Cheval d'attaque, collection TXT, 1985, 91 (96) p. (dans la *Lecture*, abrégé en *P.P.*).

Lettre d'amour à Gisella Fusani, Montréal, Nbj [La Nouvelle barre du jour] éditions, 1985, collection « On voit plus de prodiges merveilleux & de belles choses », 23 (24) p.

Stabat Mater, Montpellier, Cadex éditions, L'Ostiaque, 1986, 78 (84) p. (dans la *Lecture*, abrégé en *Stabat.*).

Artaud Rimbur, Paris, Éditions de la Différence, collection Littérature, 1990, 78 (80) p.

Les Folies-Belgères, Paris, Éditions du Seuil, collection Point-virgule, V 82, 1990, 182 (192) p.

Le présent recueil, sous-titré Pour l'amour d'un porc, *reprend* Porches, Porchers, Pubères, Putains *et* Stabat Mater. *Ces textes ont été revus par l'auteur avant publication, de sorte que le texte ici présenté diffère légèrement de celui des éditions originales:* Porches, Porchers *a été complété par* La Tempesta, *des extraits inédits en volume de* Pubères, Putains *ont été ajoutés; ils avaient été publiés dans* Textuerre, *n° 55/56, Montpellier2e trimestre 1986.*

II. RECUEILS COLLECTIFS

Maurice Olender, Marc Rombaut, Jacques Sojcher, Jean-Pierre Verheggen (éditeurs), *Le récit et sa représentation, Colloque Idem I, Saint-Hubert,* Paris, Payot, 1978, 240 (244) p.

Jean-Pierre Faye, Marc Rombaut, Jean-Pierre Verheggen (éditeurs), *minorités dans la pensée, Colloque Idem II, Namur, mai 1978*, Paris, Payot, 1979, 268 (276) p.

Un pays d'irréguliers, Textes et images choisis par Marc Quaghebeur, Jean-Pierre Verheggen et Véronique Jago-Antoine, postface de Marc Quaghebeur, Bruxelles, Labor, coll. Archives du futur, 1990, 141 (142) p. (livre conçu à l'occasion de l'exposition *Tire la langue: les Irréguliers du langage*, présentée au Centre Wallonie-Bruxelles de Paris en 1990).

III. TRANSMISSION ORALE

Skein, théâtre, créé le 29 avril 1976 à Bruxelles.

West Sade Story (Pornowallie), théâtre, créé le 9 septembre 1980 à Bruxelles.

Vol 747 Bouilling au pays de Tintin et Milou, court métrage (en coll. avec P. Lobstein), émission télévisée du 7.2.1985.

Nombreuse interventions radiophoniques, lectures-performances, enregistrements au Musée de la parole.

IV. ÉTUDES CRITIQUES

Le meilleur ouvrage sur Verheggen est malheureusement inédit. Il s'agit de *Multiples facettes d'une écriture solitaire. Colloque organisé le 16 mars 1985 en la salle du conseil du Palais des Beaux-Arts. Pistes de lecture pour les textes de Jean-Pierre Verheggen proposées par* Alain Tricnaux, s.d. (1985), 153 p. ronéotypées (comporte une bibliographie des œuvres et une bibliographie critique, toutes deux très à jour jusqu'en 1985), ayant abouti à *A la rencontre de Jean-Pierre Verheggen*, mémoire (inédit) de licence en philologie romane, Université Libre de Bruxelles, 1986.

À consulter, du même Alain Tricnaux, *Jean-Pierre Verheggen*, Arlon, Service du Livre luxembourgeois, s.d., coll. Dossiers L., n° 22, fasc. 4, 18 (20) p.

Citons, pour leur particulière pertinence à propos de *Pubères, Putains*, l'article de Serge Fauchereau, *Un étonnant brasseur de mots*, dans *La Quinzaine littéraire*, n° 455, 16-31.1.1986, et l'ouvrage de Christian Prigent, *La langue et ses monstres, Études critiques sur G. Stein, L. Finas, P. P. Pasolini, C. E. Gadda, E. E. Cummings, V. Maïakovski, V. Khlebnikov, W. Burroughs, M. Pleynet, etc.*, Montpellier, Cadex éditions, L'Ostiaque, 1989. L'étude consacrée à J.-P. Verheggen (pp. 135-152) est significativement intitulée *Dans le carnaval de l'histoire* et ouvre la quatrième partie du livre, sous l'appellation *Trouver une langue*.

TABLE DES MATIÈRES

Achevé d'imprimer
le 24 février 91